# La franc-maçonnerie

ŒUVRES PRINCIPALES

**Domaine maçonnique**
*Paroles de francs-maçons*, coll. « carnets de sagesse », Albin Michel, 1997.
*Les francs-maçons, ces bâtisseurs du temple intérieur*, Aubéron, 1997.
*Les francs-maçons*, coll. « Les Essentiels » Milan, 1996, Nouvelle édition, 2004.

**Littérature générale**
*La diva dans l'énigme*, Roman, Le Rocher, 2003.
*Le petit livre de la paresse*, Aphorismes, Le Rocher, 2000.
*La diva dans l'abîme*, Nouvelles, Le Rocher, 1997.

**Romans policiers**
*L'ombre de Guignol*, Éditions des Traboules, 2004.
*Le tronc de la veuve*, (roman à thème maçonnique), *Le Passage*, 2003.

**Littérature jeunesse**
*Sous les sables d'Afghanistan*, Le Jasmin, 2004.
*La malédiction de Toutânchaton*, J'ai lu jeunesse, 2003.
*Mystères à Morteau*, avec Alain Surget, Grasset Jeunesse, 2002.
*Les zigzags de Zigoto*, Magnard, 1998.
*La nuit du huit décembre*, Magnard, 1996, Nouvelle édition, 2004.

Jack Chaboud

# La franc-maçonnerie

## Histoire, mythes et réalités

Librio

*Inédit*

*L'auteur et l'éditeur remercient Ludovic Marcos, conservateur du musée de la Maçonnerie française et de la photothèque du GODF, pour son aimable contribution.*

# SOMMAIRE

**Introduction** ............................................................ 7

**I. Essence et naissance de la franc-maçonnerie** ......... 9
Les philosophies cachées ........................................... 9
Les précurseurs ......................................................... 11
Bâtisseurs médiévaux et compagnons ...................... 13
Création du mouvement maçonnique ....................... 16
Le grand mythe maçonnique ..................................... 19
Les « hauts grades » .................................................. 21

**II. Essor de la franc-maçonnerie française** ................ 24
Un mouvement aux ordres ........................................ 26
La Commune et la République ................................. 28
L'abandon du Grand Architecte de l'Univers ........... 30
L'antimaçonnisme ..................................................... 31
Église catholique contre dogmatisme athée ............. 33
Charlatans et vilaines affaires .................................. 35
Vichy : traumatisme et séquelles .............................. 40
Essaimage de la Maçonnerie et organisations françaises actuelles ............................................................. 42
Apparition de la mixité et première obédience féminine ........................................................................ 47
Les obédiences françaises ........................................ 49

**III. Le cadre de vie maçonnique** ................................ 55
Le temple ................................................................... 56
Membres, visiteurs et officiers de la loge ................. 58
Les décors individuels et les outils ........................... 60
La vie de la loge ......................................................... 62

**IV. Le chemin maçonnique :** *Du profane au maître : le grand secret* ............................................................. 64
Le vécu ....................................................................... 66
La voie initiatique ...................................................... 67

Le sacré ........................................ 68
L'esthétique, l'étoile et la lettre « G » ........................ 70
La Maçonnerie du XXI<sup>e</sup> siècle ........................ 74

**Conclusion** ........................................ 77

**ANNEXES** ........................................ 79
Coordonnées des principales obédiences françaises.. 81
Francs-maçons célèbres ........................ 82
Glossaire ........................................ 85
Quelques fragments d'écrits maçonniques ............... 92
Bibliographie ........................................ 95

# Introduction

À force de regarder le ciel et les étoiles, un certain nombre de questions angoissantes se posèrent aux premiers hommes : un prochain jour succéderait-il à la nuit ? le soleil reviendrait-il ? Le ciel ne leur tomberait-il pas sur la tête ? Qui les avait mis là et pourquoi ?

Pour enrayer les peurs primordiales que leur inspirait cet univers qui les dépassait, les humains créèrent des divinités, leur inventèrent des histoires et purent alors relier le haut et le bas, la Terre, les hommes et le ciel, définissant ainsi la notion de religion. Ils offrirent cadeaux et prières à ces dieux, dont ils reconstituèrent les histoires dans des récits mythologiques et fondèrent les sociétés humaines dans une conscience mythique.

Nos ancêtres trouvèrent des vérités cachées ; ils s'unirent fortement aux éléments fondamentaux (l'eau, l'air, la terre et le feu), développèrent les outils de décryptage des mystères du monde (lecture, écriture, mathématiques, etc.) cherchant ce logos, ce dieu, dans une tentative de comprendre, à la fois un principe transcendant et la cohérence de l'univers.

Les quêtes entreprises pour donner un sens à la vie et à l'univers suivirent souvent les mêmes schémas : naissance d'un homme divin fils d'une vierge (Esculape, Jésus, Mythra) ; lieux et époques (grottes, solstices) ; cheminement du héros, errance puis retour triomphal (Œdipe, Jésus, Osiris) ; voyages aux sources de l'absolu (Jason, chevaliers du Graal) ; morts et résurrections (Jésus, Osiris).

Les récits mythiques de ces héros furent toujours exposés de façon exotérique, donc accessibles à tous, mais leur propagation fut très vite accaparée par des dépositaires de paroles ou messages divins. Ainsi, depuis la nuit des temps, aux bergers ou guerriers primitifs succédèrent sorciers, devins, chamans et prêtres, qui codifièrent bien vite leurs connaissances fondamentales, afin qu'elles ne demeurent accessibles qu'à eux seuls.

Ils constituèrent ainsi les religions, groupuscules au départ, puis organismes structurés avec hiérarchie, clergé et puissance temporelle, comme dans le modèle chrétien. Ces cultes établirent des dogmes, éléments fondamentaux et non discutables par la raison, auxquels il convenait d'adhérer par une foi. les prêtres s'emparèrent souvent du pouvoir par le savoir et formèrent des théocraties, où Dieu était au-dessus des lois. C'est sur la préexistence de ces mythes et de leurs organisations religieuses que s'est fondée la franc-maçonnerie.

Parallèlement à l'extension des religions, des groupes « cachés » pratiquèrent des formes **ésotériques** [1] de transmission de la connaissance, pour des raisons diverses : élitisme et volonté de pouvoir, mais aussi persécutions des religions et autres institutions officielles. Ces organismes durent se rassembler secrètement pour communiquer leurs enseignements, provoquant suspicion ou même crainte.

Du fait même de leur caractère secret, les sociétés anciennes « à mystères » furent peu connues et le sont toujours, ce qui entretient d'autant plus facilement les fantasmes à leur encontre. Mais ces interrogations se conçoivent moins concernant la Maçonnerie, dernier en date des groupes initiatiques et seul authentique aujourd'hui en Occident, dont on peut tout savoir ou presque. Pourtant, elle apparaît encore à beaucoup comme une **secte** ou un groupe occultiste.

| |
|---|
| Les termes en caractères gras renvoient au glossaire en fin d'ouvrage. |

1. Ne pas confondre l'ésotérisme avec l'occultisme, activité fondée sur la magie.

# I

# Essence et naissance de la franc-maçonnerie

*Mouvement fondé au* XVIII*e siècle dans l'esprit des lumières mais dans la pénombre de ses temples, la Maçonnerie affirma dès sa création une originalité sans égale dans sa démarche spirituelle et dans son mode de fonctionnement. En effet, bien avant les experts en motivation psychopédagogique, deux pasteurs, un Anglais et un Français, codifièrent le travail de groupe en 1723. En mettant de l'ordre dans cette organisation naissante, les deux ecclésiastiques se situaient dans une triple continuité :*

*– celle des sociétés initiatiques et des religions, qui tentèrent très tôt de trouver un sens à la vie et de l'exprimer au moyen de langages symboliques ;*

*– celle des bâtisseurs médiévaux qui transmirent certaines de leurs structures et leur nom aux francs-maçons d'aujourd'hui ;*

*– celle des mouvements de pensée, qui, dès la Renaissance, voulurent s'affranchir des dogmes religieux et des monarchies peu éclairées, pour centrer leur pensée sur l'Homme.*

## Les philosophies cachées

Dans l'Égypte du IIIe siècle de notre ère, le philosophe Plotin, revendiquant l'héritage de Platon, créa un courant philosophique aux confluences de ses maîtres grecs anciens, de la mystique monothéiste chrétienne et peut-être de la pensée chinoise : la Gnose (du grec « connaissance »). Ce **syncrétisme** dit « néoplatonicien » ressemblait fort, dans sa démarche mystique et intellectuelle, à un mouvement ésotérique qui naquit au même moment et au même endroit : l'hermétisme (en référence au dieu Hermès, et à son caractère caché), ou **alchimie**.

L'alchimie exprimait l'action de l'homme sur la nature par l'utilisation des **métaux**, à la fois outils et concepts, et la relation de la Terre aux planètes, avec leurs équivalences minérales [1].

Il y avait trois niveaux alchimiques :

– un niveau poétique passant par un langage symbolique et une mystique reliant l'homme à l'univers, et à Dieu ;

– un niveau philosophique et moral – illustré par le destin de Zénon dans *L'Œuvre au noir* de Marguerite Yourcenar – qui tentait d'expliquer le monde sans le recours aux mythes et aux religions. C'était une réelle tentative de pensée libre, qui substituait l'homme à Dieu comme centre de sa préoccupation ;

– un niveau scientifique : aux côtés de princes cupides ou crédules dans la mouvance d'imposteurs pratiquant l'abracadabra et le chaudron magique, l'alchimie rassembla d'authentiques savants. Dans leurs laboratoires, aucun d'eux ne réussit à transmuter les métaux vils en or, mais en chauffant leurs athanors, ils approchèrent de la notion de méthode expérimentale, élaborant des processus de recherche qui aboutirent entre autres à la découverte de l'acide sulfurique et de l'antimoine.

Dès la Renaissance, l'alchimie céda la place à la chimie, étude des corps simples. Mais le mouvement a subsisté jusqu'à nos jours, dans un contexte plus occultiste que philosophique ou scientifique (Fulcanelli/Canselier, auteur du *Mystère des cathédrales, des Demeures philosophales)*. Quant à l'alchimie médiévale, elle aura légué à la Maçonnerie son principe de langage symbolique, son approche d'une libre spiritualité et son appellation d'Art Royal.

Troisième philosophie cachée, la Kabbale, ou Cabale (recevoir, tradition, en hébreu), tient une place importante parmi les courants de pensée ésotériques. Cette mystique « révélée » par Moïse, puis passée oralement d'initiés en initiés, apparut par l'écrit en Espagne puis en Provence au XIIIe siècle. Inspirée de la tradition juive, mais aussi des philosophies de l'Antiquité grecque. Sa doctrine consiste en une recherche spirituelle destinée à comprendre et non à admettre les mystères de la foi. Elle s'appuie donc sur la science pour trouver le sens caché de l'universel, en confrontant à l'infini divin ce qui est accessible à la pensée humaine. C'est

1. D'où une conjonction avec l'astrologie renforçant la mauvaise image de l'alchimie, mais qui ne traduisait là encore que l'observation préscientifique du ciel et des astres.

en ce sens une démarche commune avec les gnostiques chrétiens et les alchimistes. La base de la Kabbale est constituée par un certain nombre de textes dont le *Zohar* (*Livre des splendeurs*). Le travail du kabbaliste, s'il demeure attaché à une forme de magie (numérologie, astrologie...), est annonciateur de la démarche scientifique. La Kabbale permit de sauvegarder certaines connaissances antiques occultées par le christianisme en Occident. Il fallut attendre la fin du Moyen Âge pour que soient renoués les fils de ces domaines intellectuels par des savants et philosophes humanistes.

## Les précurseurs

En 1459 parurent à Kassel en Hesse trois textes, dont *Les Noces chimiques* [1], signés du mystérieux et révélateur pseudonyme de Christian Rosenkreutz. Rééditées au début du XVIIe siècle à Strasbourg, ces professions de foi attestaient de l'existence d'une fraternité chrétienne nourrie d'Hermétisme et de Kabbale, dans l'esprit de ce temps où fusionnaient science et magie dans une sauce mystique. Mais ces manifestes contenaient aussi des préoccupations de réformes sociales, intellectuelles et religieuses.

Le mouvement, révélé par un collectif d'auteurs conduit par le pasteur Johan Valentin Andreae, n'existait pas, mais il inspira nombre d'intellectuels de l'époque, en particulier dans les milieux philosophiques et scientifiques anglais qui furent en partie à l'origine de la franc-maçonnerie.

Cette quasi-mystification connut, dès 1750, une résurgence en pays allemands sous l'impulsion du pasteur Samuel Richter et le nom de *Rose-Croix d'Or*. Une nouvelle fois, il n'y eut pas réellement de mouvement rosicrucien indépendant, mais des adeptes de cette pensée, plus **théosophique** que la pensée d'origine, figurèrent parmi les membres de la *Stricte Observance templière,* dont ils appréciaient le mysticisme.

Au début du XIXe siècle, le courant se développa en Allemagne et en France, où il se dressa contre la maçonnerie laïque et rationaliste. Élias Ashmole [2], Francis Bacon, et sans

---

1. Référence à une phase de la putréfaction alchimique, dans laquelle la matière au noir, lavée sept fois, permet d'accéder à la sublimation, ou « noce alchymique », représentée par une colombe.
2. Universitaire d'Oxford, alchimiste, membre de la Royal Society, société savante fondée en 1660 à Oxford. Parmi ses membres, dont John Locke,

doute Descartes, firent un bout de chemin rosicrucien, tout comme Goethe. Plus tard, le « Sâr » (Joseph Aimé), dit Josephin Peladan, créateur avec Papus (Gérard Encausse) d'une **Rose-Croix** kabbaliste et esthétique, a suivi un chemin plus fantaisiste. De même que Guénon ou les membres de la société hermétiste anglaise de la Golden Dawn, fréquentée par des maçons comme Annie Besant, y voisinèrent avec l'auteur de *Dracula*, Bram Stocker.

Une troisième vie fut offerte à la Rose-Croix avec la naissance en 1916 à New York d'un Ancien et Mystique Ordre de la Rose + Croix (AMORC). Ce mouvement, structuré en douze **grades**, revendique toujours l'héritage spirituel de Rosenkreutz, en défendant la tolérance et le travail spirituel destinés à dévoiler les mystères du monde dans une conception panthéiste. Les membres ont peu de contacts entre eux, et peuvent se perfectionner par des cours par correspondance.

Il est évident que le mouvement maçonnique, crée en pays anglican et constitué par des pasteurs, fut un des aboutissements de l'esprit de la Réforme. Née de groupes contestataires de l'Église au Moyen Âge (Vaudois, Jean Hus...), la Réforme détermina au XVI^e^ siècle une partie de la chrétienté à se détourner de l'Église romaine en rejetant ses dogmes et l'autorité du pape. Le premier des grands réformateurs, le théologien Martin Luther, n'envisageait pas l'instauration d'une Église indépendante, mais le retour au christianisme des origines. Relayée par Ulrich Zwingli, et Jean Calvin en France, cette doctrine se heurta aux institutions en place et entraîna les guerres dites « de Religion ». Une troisième famille vit le jour en Grande Bretagne avec l'Église anglicane.

Refusant la hiérarchie ecclésiastique, la rémission des péchés par les actions ou la méditation, l'adoration des saints et de la Vierge Marie, le protestantisme prônait l'austérité, la réduction des dogmes au salut et à la foi en Jésus-Christ, la prépondérance de la lecture des Écritures saintes traduites en langue vulgaire. On ne dira jamais assez à quel point cette religion fut persécutée en France, et l'affaire Calas [1] rappelle qu'au XVIII^e^ siècle on mourait encore d'être protestant français.

---

figuraient vingt-quatre des soixante-deux francs-maçons qui fondèrent la Grande Loge de Londres, à l'origine de la Maçonnerie.

1. Jean Calas, négociant calviniste toulousain fut accusé à tort d'avoir tué son fils désireux de se convertir au catholicisme. Il fut supplicié et exécuté en 1762. Voltaire contribua à réhabiliter sa mémoire.

L'évocation de la Réforme est importante dans l'histoire des francs-maçons. En effet, étape ultime dans la continuité des spiritualités cachées, la Réforme inspira les pasteurs à l'origine des Rose-Croix, et ceux qui furent au rendez-vous du mouvement maçonnique au XVIIIe siècle. Ce fut la raison du développement sans entrave du mouvement maçonnique en pays protestants, et de ses problèmes face au Vatican, inquiet de cette société de pensée pas très catholique.

## Bâtisseurs médiévaux et compagnons

Il y avait des corporations ouvrières dans l'Antiquité, mais en l'absence de continuité il n'y a pas de filiation directe entre eux et les bâtisseurs médiévaux. En revanche, il est possible de parler de cousinage entre ces bâtisseurs et la franc-maçonnerie. C'est en tout cas la seule source historique réelle à laquelle puisse se référer sérieusement la Maçonnerie.

Avec l'essor des constructions religieuses, les « œuvriers » – au départ des clercs architectes observant des règles monastiques – se réunirent dans des associations pour se transmettre les secrets de leur art par des pratiques initiatiques très simples : protection du secret professionnel, obligation de mutuelle assistance, sincérité, charité, obéissance à l'Église et au roi. Ils se trouvèrent des saints patrons dans les deux testaments : Noé, Joseph, les deux saints Jean auxquels ils mêlèrent des usages païens comme la célébration des solstices. Ce fut ainsi que l'Église décida en 337 seulement de faire naître Jésus non plus en avril mais le 25 décembre, au solstice d'hiver, pour marcher sur les brisées du paganisme. Ces tolérances relatives permirent à des alchimistes de travailler parmi charpentiers et tailleurs de pierre, sculptant leurs propres signes ésotériques sur les façades des « livres de pierre ».

Le langage muet transmis par les cathédrales fut donc crypté par une profusion de signes, et surtout par la prégnance de la symbolique des nombres, couronnée par la divine proportion de 1,618, le nombre d'Or attribué à Pythagore. La beauté mystique de l'édifice répondait à l'harmonie du corps de l'homme, Dieu apparaissant comme le Grand Architecte de l'Univers, tenant la Terre entre les branches de son compas.

Les clercs bâtisseurs s'enrichirent rapidement de **laïcs**, qui adoptèrent leurs coutumes et règles et respectèrent la mystique entourant leur travail, qu'ils nommèrent « Art Royal », eu égard au roi, architecte en chef de ces monuments qui deviendront historiques. Les francs-maçons actuels définissent encore leurs travaux symboliques comme relevant de l'Art Royal. Face à leurs puissants commanditaires, les associations premières s'étoffèrent en confréries ou guildes, aux deux extrémités de l'Europe continentale et en Grande-Bretagne.

Dès qu'elles furent dirigées par des laïcs, elles reçurent de l'Église et de l'État des exemptions de corvées, le droit de se déplacer librement au gré des chantiers, d'où l'appellation de « francs-maçons ». En Grande-Bretagne, ces bâtisseurs travaillaient la pierre dure et la pierre tendre, dite pierre franche (*free stone*[1]), ce qui les aurait fait nommer « *free masons* ». Avec la fin des grands chantiers religieux, ces mouvements disparurent peu à peu dès le XVI^e^ siècle, sans laisser beaucoup de traces écrites. Au XVIII^e^ siècle les corporations réapparues en France et les compagnies ou fraternités en Grande-Bretagne n'étaient plus que des sortes de syndicats, d'où toute pensée mystique était exclue.

Il est nécessaire de distinguer les guildes ou confréries de bâtisseurs du compagnonnage qui n'apparut qu'au XVI^e^ siècle au travers de travailleurs cooptés, qui suivaient un chemi-

1. Quelle qu'en soit l'origine exacte, l'usage du mot « franc-maçon » apparut dès le XIV^e^ siècle en Angleterre et s'étendit à tous les ouvriers bâtisseurs. Mais on peut aussi constater l'apparition du terme de « francs métiers » en 1268, dans le *Livre des métiers* du prévôt de Paris Étienne Boileau.

nement dont la tradition s'est poursuivie de nos jours dans le « Tour de France des compagnons ». Le compagnonnage développa une volonté de perfectionnement professionnel, moral et spirituel, éprouvé au fil d'épreuves de capacité, par une transmission de rites et par les voyages. Le mouvement définit son origine mythique dans la construction du temple de Jérusalem, telle que le rapporte l'Ancien Testament. Mais ils accordèrent une importance qui n'existait pas dans le texte d'origine à un simple ouvrier du bronze promu architecte : Hiram. À ce personnage, ils adjoignirent deux autres figures mythiques : maître Jacques, qui aurait été un autre architecte de Salomon, et maître Soubise (le père Soubise), chargé des charpentiers. Comme pour saint Jacques de Compostelle, ces deux voyageurs auraient fait le voyage de Palestine en France sans se préoccuper des décalages temporels ; puis ils se seraient fâchés, ce qui explique certaines divergences du compagnonnage à partir des métiers. Ce mouvement élitiste suscita la crainte de l'Église car, s'il partageait les valeurs fondamentales des confréries, c'était devenu un groupe puissant et indépendant.

Au XVIIIe siècle, un ouvrier sur trois était affilié au compagnonnage, qu'interdit en France la loi Le Chapelier, avant que la Révolution ne la rejette avec les institutions de l'Ancien Régime. Le mouvement resurgit avec éclat au XIXe siècle, mais peina à faire taire ses dissensions et à définir son identité dans un monde du travail en totale mutation. Les trois ordres de compagnons actuels comptent environ 20 000 membres, tous des hommes.

Confréries, guildes, ordres de compagnons avaient en commun la pratique manuelle de leur travail, au moyen de leurs outils essentiels : équerre, compas, niveau, fil à plomb. Ils se réunissaient dans des **loges**[1], accolées au bâtiment en chantier, C'est pourquoi ils sont aujourd'hui appelés « maçons opératifs » (du latin *opera*, l'œuvre, le travail), par opposition aux « maçons spéculatifs », les francs-maçons actuels qui utilisent les outils de bâtisseurs de manière symbolique, aux fins de travaux intellectuels et spirituels.

1. Vient du franc *laubja*, ancienne cabane de bûcheron utilisée au départ par les bâtisseurs. C'était un abri couvert où ils subissaient leur formation, transmettaient leurs secrets, et entreposaient leurs outils.

## Création du mouvement maçonnique

Une véritable « transmutation alchimique » s'opéra au courant du XVIIe siècle entre des maçons « opératifs », travaillant la pierre au sens propre, et des francs-maçons, appelés désormais « spéculatifs » qui ne travaillaient plus sur la pierre que symboliquement. Mais aujourd'hui, les francs-maçons ne manquent jamais de rendre hommage au caractère spirituel du travail sur la matière de leurs prédécesseurs, car la perte de la considération pour l'ouvrage manuel est une perte de sens et de fraternité.

Dès le XVIe siècle, des intellectuels bourgeois et aristocrates entrèrent peu à peu dans les structures qu'offraient les **loges** opératives moribondes, y découvrant des écrits intitulés *old charges* (anciens devoirs) contenant des préceptes moraux, des secrets de métiers, des livres de prière et des récits légendaires, comme la célèbre *Légende dorée* de Jacques de Voragine. Ces documents fournirent une des sources des textes fondateurs de la maçonnerie spéculative.

À cette époque, la pensée philosophique et scientifique issue de la Renaissance, les troubles politiques et religieux amenèrent des hommes désireux d'en finir avec ces querelles, à prendre leurs distances vis-à-vis des autorités ecclésiastiques et monarchiques ; ces « maçons acceptés » apprécièrent la discrétion des associations d'ouvriers survivantes, tolérées par le pouvoir.

Du fait de l'absence d'écrits, on sait peu de chose sur ce passage d'une population à l'autre, comme sur bien d'autres épisodes de l'histoire maçonnique, contestés, remaniés et interprétés au fil de travaux d'érudits souvent autoproclamés et d'authentiques découvertes documentaires.

En Écosse, puis en Angleterre, les Stuart (famille écossaise qui régna sur l'Écosse et l'Angleterre de 1603 à 1714) encouragèrent le développement de ces groupes par opportunisme politique. Cachés sous Cromwell, les « maçons acceptés » entretinrent des relations avec ceux d'entre eux qui s'étaient exilés, notamment en France. D'où une filière dite écossaise qui contribua à former au XVIIIe siècle une maçonnerie française, en parallèle avec celle qui venait directement d'Angleterre. Ces premiers francs-maçons spéculatifs se réunissaient souvent dans des arrière-salles de tavernes, dessinant à la craie sur le sol un temple symbolique pour sacraliser le lieu. Ces réunions se prolongeaient par de joyeux banquets à l'issue desquels les participants se promettaient d'œuvrer à l'extérieur selon les idées généreuses qu'ils avaient échangées.

Bientôt, ces idéalistes éprouvèrent le besoin de se structurer et de s'unir, témoignant de cette volonté propre au mouvement maçonnique de « réunir ce qui est épars » : des anglicans, des dissidents protestants, des catholiques stuartistes, des nostalgiques de Cromwell et des légitimistes.

Ce fut ainsi que le 24 juin 1717, jour de la Saint-Jean d'été, quatre loges londoniennes portant les noms des tavernes où elles se réunissaient (L'Oie et le Grill, La Couronne, Le Pommier, Le Gobelet et les Raisins) formèrent La Grande Loge de Londres, organe supérieur chargé de la régularité des groupes existants et de l'ouverture de nouvelles loges. Ce noyau de base prit ensuite le nom de Grande Loge d'Angleterre en 1738, tandis que d'autres Grandes Loges naissaient en Écosse et en Irlande. Les Constitutions élaborées par la Grande Loge de Londres, en autorisant l'entrée dans le mouvement à des croyants non chrétiens (**déistes**, juifs et plus tard musulmans), provoquèrent la suppression dans le **rituel** des références trop précises au christianisme. Cette ouverture aboutit à une scission avec certaines loges, entraînées par celle d'York, qui refusèrent cette déchristianisation. Ce groupe, dit « des anciens », forma une Grande Loge des Francs et Acceptés Maçons selon la Vieille Institution. Une querelle des anciens et des modernes était née. Elle devait prendre fin en 1813, avec la rédaction d'une nouvelle Constitution en 1815 et la naissance d'une seule **obédience** : la Grande Loge Unie d'Angleterre.

Toute société se structure à partir de principes et de règles. La rédaction d'une *Constitution des francs-maçons* fut donc mise en œuvre et publiée en 1723 à la demande du duc Philip de Wharton, Grand Maître de la Grande Loge de Londres, en ces termes : « Nous ordonnons que ces Constitutions soient reçues dans chaque loge particulière de notre obédience comme les seules constitutions des Maçons Francs et Acceptés parmi nous, pour être lues lors de l'**initiation** des nouveaux frères... » Ce code maçonnique est connu sous le nom de *Constitutions d'Anderson,* d'après le nom du pasteur et généalogiste écossais, James Anderson, à qui fut confié l'élaboration du document. Mais Anderson fut assisté dans sa tâche par plusieurs frères, dont un esprit brillant : John Theophilus (Jean-Théophile) Désaguliers, qui en fut sans doute le principal rédacteur.

Frontispice des Constitutions d'Anderson

Cet autre pasteur et fils de pasteur, né à La Rochelle, avait émigré en Angleterre avec ses parents en 1685, à la suite de la consternante révocation de l'édit de Nantes par Louis XIV. Devenu ministre de l'Église anglicane, Désaguliers était chapelain du prince de Galles, juriste, physicien, proche ami de Newton et membre de la Royal Society.

Cette Constitutition compila tout d'abord des éléments des *old charges,* tels que les manuscrits de la Charte d'York datant de 960, et ceux dits de Cooke, et de Régius, apparus aux XIVe et XVe siècles. L'ensemble trouvait son inspiration à la fois dans les mystères religieux du passé et dans une forte imprégnation de la philosophie éclairée du XVIIIe siècle. Ses règles, ou **landmarks**, établissaient :

– la croyance en un dieu, Grand Architecte de l'Univers ;

– la transposition des outils des bâtisseurs, en termes philosophiques et moraux ;

– le serment du secret ;

– les signes de reconnaissance (**mots**, gestes, **attouchements**) ;

– la tolérance envers toutes les religions, mais l'interdiction des loges aux **athées**, aux femmes, aux esclaves et aux domestiques ;

– la fidélité au pouvoir royal ;

– les cérémonies d'**initiation** et les connaissances symboliques liées à la création des **grades** d'apprenti et de compagnon.

Le mouvement maçonnique fut très vite à la mode, du fait de sa qualité intellectuelle et aristocratique. Il était de bon ton de se faire recevoir, jusque dans la famille royale. Les ministres du culte anglican y entrèrent en nombre, malgré une certaine réticence de leur Église. Les Constitutions de 1723 furent modifiées en 1738, dans la tendance d'une « rechristianisation » du mouvement. En France, résistant aux fulminations vaticanes, l'État fit surveiller la maçonnerie naissante, redoutant d'y trouver quelque résurgence du **jansénisme**, ou la présence de comploteurs stuartiens, à un moment de rapprochement avec l'Angleterre.

Les francs-maçons spéculatifs actuels ont donc puisé une partie de leur philosophie dans l'esprit de la Renaissance et des Lumières et une partie de leurs soubassements chez les « œuvriers » médiévaux façonnés par la religion chrétienne. Mais les uns comme les autres se situent dans une longue chaîne humaine qui s'est toujours interrogée sur le sens de la vie, pour tenter d'y répondre.

## Le grand mythe maçonnique

Chez les bâtisseurs médiévaux, le terme de maître désignait un ouvrier sorti du rang, dont le rôle pouvait s'apparenter à celui de l'architecte. Chez les francs-maçons spéculatifs, il fut d'abord appliqué à celui qui présidait une **loge**. Mais le **grade** de maître et le personnage d'Hiram qui le symbolise, absents dans les Constitutions de 1723, n'apparurent que dans la version de 1738, sans qu'on sache exactement comment. Ils furent substitués aux simples rituels d'apprentissage transmis par les bâtisseurs. Et surtout, ils proposaient l'élévation du compagnon à la maîtrise, au travers d'un psychodrame de mort et de renaissance vécu par l'impétrant.

Ce personnage d'Hiram était en partie dérivé de la légende cryptobiblique du « relevage » du corps de Noé par ses fils, et de l'évocation fugace dans Le « Livre des Rois » et le « Second Livre des chroniques » de l'Ancien Testament d'un ouvrier bronzier, Hiram Abi ou Abiff (à ne pas confondre avec Hiram, premier roi de Tyr, d'où venait l'ouvrier). La légende maçonnique promut architecte de la construction du temple de Salomon cet Hiram, renommé pour sa sagesse et son savoir, et mit en scène son meurtre par trois compagnons, désireux de connaître les signes de reconnaissance de la maîtrise, pour en obtenir la paye ; car apprentis, compagnons et maîtres détenaient un mot secret qui leur était propre. Ainsi se passa ce drame :

Au cours d'une ronde nocturne, Hiram se heurta tour à tour à chacun des trois mauvais compagnons, chacun le frappant avec son outil de travail (marteau, ciseau, compas). Les assassins décidèrent ensuite d'enterrer le corps sous un tertre, dans lequel l'un d'eux planta une jeune tige d'acacia pour repérer le site. Les maîtres chargés par Salomon de retrouver l'architecte découvrirent la tombe et déterrèrent le corps (certaines versions leur attribuent la plantation de l'acacia). Ils jurèrent ensuite sur le corps d'Hiram de le venger, et décidèrent par prudence de changer le mot de maître, ce qui a créé dans certains **rites** maçonniques la recherche de cette « parole perdue ».

Hiram symbolise l'homme de l'idéal humaniste de la Renaissance, devenu maître de lui par la sagesse et la connaissance, capable de mourir par fidélité à son devoir, poussant le sens de l'honneur jusqu'au sacrifice en refusant de céder à l'ambition, au fanatisme et à l'ignorance. On retrouve là le « connais-toi toi-même » de Socrate et le « science sans conscience n'est que ruine de l'âme » de Rabelais, deux grands thèmes du travail maçonnique.

En devenant maître, chaque compagnon revit le martyre d'Hiram et s'identifie à lui par une mort symbolique, pour achever son initiation et devenir un homme libre. Cette mort et cette renaissance, associées à l'idée de putréfaction du corps de l'architecte de Salomon, évoquent une phase de l'œuvre alchimique, ainsi que les descentes aux enfers de héros grecs ou égyptiens, ou encore le martyre de Jésus-Christ : tous sauvés ou venus sauver ceux qu'ils aiment ou vénèrent. Mais au jeu des interprétations, on peut aussi retrouver dans cette légende la symbolique solaire présente dans nombre de cultes. Le sens des multiples cheminements qui s'entrecroisent dans le mythe hiramique[1], ainsi que le montre la psychanalyse[2] après les hermétistes, s'inscrit dans un besoin persistant de la conscience collective de symboles comme guides de vie et de sens.

---

1. La plus belle transcription romanesque de l'histoire maçonnique d'Hiram a été écrite par Gérard de Nerval – qui aimait à se faire passer pour maçon – dans l'épisode des *Nuits du ramadan* de son *Voyage en Orient*.
2. Voir en particulier « De la naissance des dieux à la naissance du Christ » du prêtre, psychanalyste et théologien allemand Eugen Drewermann, Le Seuil. 1992.

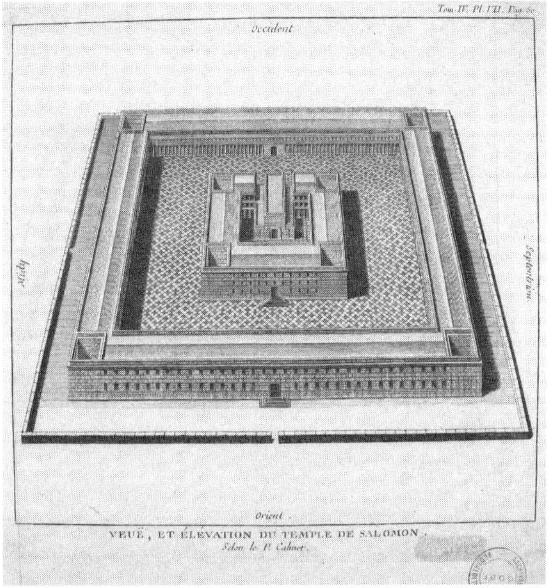


Temple de Salomon

## Les « hauts grades »

De même que pour l'apparition du **grade** de maître, qui pourrait apparaître comme le premier des grades supérieurs, ces hauts grades apparurent dans une certaine confusion chronologique et originelle. Des frères plus mystiques que les maçons des Lumières, en réaction contre le rationalisme des philosophes et savants très présents dans les **loges**, les auraient instaurés vers 1740. Ces frères souhaitèrent apporter à l'ordre des mystères, un retour aux fondements chrétiens du mouvement, le fantasme de filiations templières ou chevaleresque, et surtout la poursuite de la légende d'Hiram par de nouveaux récits symboliques. Ainsi se développa une franc-maçonnerie « supérieure » (les Anglo-Saxons appellent ces grades des *side degrees*, ou degrés parallèles) également favorisée par les dignitaires en place, qui entendaient ainsi réagir contre l'entrée dans l'ordre de nombreux individus plus préoccupés de bombances et de distractions que d'élévation de pensée. Enfin, ces créations obéirent aussi à une tendance bien humaine : encourager ceux qui étaient avides de grades et de titres ronflants (Illustre Élu des Quinze,

Sublime Chevalier Élu, Chevalier d'Orient et d'Occident, Souverain Prince Rose-Croix, Grand Élu Chevalier Kadosh, etc.). Bien vite, il y eut une inflation de **rites** et **degrés** caricaturaux qui se comptèrent par milliers, avant qu'il n'y fût mis bon ordre au début du XIX^e^ siècle.

Ces systèmes de hauts grades, guère conformes à la volonté d'égalitarisme et de simplicité du départ, furent désignés en France sous le nom d'*Écossisme*. À chaque niveau de ces grades, les frères étudièrent donc de nouveaux symboles, de nouveaux récits mythiques. Différents organismes conférèrent ces hauts grades en France, dont le Chapitre de Clermont, qui élabora une échelle de 25 degrés d'un rite dit de perfection. Ce fut un de ses membres, Auguste de Grasse-Tilly, qui fit grimper l'échelle à 33 degrés, et aboutit à la création d'un Suprême Conseil des Grands Inspecteurs Généraux du Trente-troisième et dernier degré du Rite Écossais Ancien et Accepté (REAA) en 1804. Le Grand Orient de France (GODF) créa alors un Grand Collège des Rites, chargé de conférer la totalité de l'échelle de grades. À sa naissance en 1894, la Grande Loge de France (GLF) reçut du Suprême Conseil tous pouvoirs pour toutes ses loges ; le Grand Collège des Rites du GODF conservant la gestion du 4^e^ au 33^e^ degrés, dans un esprit différent.

Il y a moins de 20 % des francs-maçons français qui fréquentent ces grades. Il faut en général être coopté, avoir du temps (une réunion par mois, qui s'ajoute aux deux autres requises par les autres travaux maçonniques), de l'argent (une partie de **capitation** en plus) et de la conviction pour approfondir ce que beaucoup estiment n'être que d'« inutiles reduplications de la maîtrise », car ils considèrent que la pleine vie maçonnique est assurée par le grade de maître.

Après avoir dépassé le millier de rites, la haute maçonnerie fut nettoyée et des processus de conversion d'un système à un autre furent mis en place. Le paysage « haut gradé » peut se présenter à peu près aujourd'hui sous cette forme :

– REAA : trois grades symboliques, ou **bleus,** et trente degrés supérieurs. Le plus pratiqué en France.

– RF (Rite français) : trois grades bleus, plus quatre grades supérieurs et ensuite pratique des grades du REAA. Mais il y a depuis quelque temps une volonté d'indépendance du GODF et de son Grand Collège des Rites qui se traduit par la création de grades originaux.

– RER (Rite écossais rectifié) : quatre grades symboliques, un grade supérieur, un niveau chevaleresque et une « double classe secrète ».

– Rite émulation (pratiqué essentiellement par les Anglo-

Saxons et la Grande Loge Nationale Française GLNF) : trois grades symboliques, ou *craft* (métier), un grade du Royal Arch et quinze degrés latéraux.

Les rites égyptiens de Memphis et Misraïm comptent jusqu'à quatre-vingt-dix ou quatre-vingt quinze degrés.

Tombée quelque peu en désuétude pendant la période d'engagement politique de la maçonnerie à la fin du XIXe siècle, la pratique des hauts grades refleurit de plus belle depuis le milieu du XXe siècle, peut-être dans la tentation du spiritualisme ambiant.

Dès la fin du XIXe siècle, une partie de la franc-maçonnerie continentale européenne s'est libérée de tout dogme et de toute dépendance religieuse. Mais il n'en est pas de même dans les pays anglo-saxons, où la maçonnerie, toujours attachée au principe divin, s'interdit d'aborder les problèmes de société.

*

* *

*Moins universelle qu'il n'y paraît, moins idéaliste que beaucoup de ses membres ne le souhaiteraient, la franc-maçonnerie est finalement peu connue, malgré l'avalanche d'ouvrages traitant parfois de manière fumeuse ou polémique de sa personnalité. La maçonnerie n'est pas une société secrète : elle ne propose aucune vérité, aucun enfermement, aucune action directe sur le monde. C'est un mouvement discret, car pour ceux qui n'ont pas été initiés la porte du temple se ferme sur un autre espace-temps, issu de la pratique d'un rituel et d'un langage symbolique qui assurent la sérénité d'un travail où il est question de soi et des autres.*

*La franc-maçonnerie* **adogmatique**, *qui admet de ses membres* **athéisme, agnosticisme, déisme** *aussi bien que l'adhésion à une religion, tente de trouver des réponses aux angoisses de ce XXIe siècle naissant. Face aux obscurantismes et aux sectes mortifères, à la perte des grands idéaux politiques, à l'interrogation sur soi de ceux qui ne trouvent plus leurs repères dans une société déracinée, la franc-maçonnerie propose une autre voie progressiste.*

# II

# Essor de la franc-maçonnerie française

Dès la fin du XVII^e siècle, la franc-maçonnerie était présente en France, dans les bagages du roi d'Angleterre détrôné, Jacques II Stuart, et de ses régiments écossais. Son expansion fut facilitée par une anglomanie ambiante et des intellectuels initiés outre-Manche, comme Montesquieu.

Quelques décennies plus tard, la maçonnerie connut le même engouement qu'en Grande-Bretagne, mais avec une exception française. Car dans un pays de tradition catholique, les frères furent très vite en butte à l'hostilité de l'Église. En 1738 et en 1751, deux papes successifs excommunièrent les francs-maçons, accusés d'affaiblir le catholicisme. Mais le refus d'enregistrer la condamnation par le parlement de Paris, souverain en la matière, permit la diffusion du mouvement et sa fréquentation par de nombreux ecclésiastiques. Du point de vue du Vatican, le **secret maçonnique** était tenu pour incompatible avec l'obligation de la confession. Pourtant, les « secrets » des frères furent vite révélés au public par des livres exposant avec détails décors, signes et cérémonies.

Comme en Grande-Bretagne, les premières réunions maçonniques se tinrent dans des auberges. En 1726, on trouve à Paris la trace d'une **loge** écossaise de Saint-Thomas, hébergée chez un traiteur à l'enseigne du Louis d'Argent. En 1729, une loge du Louis d'Argent, sise dans ce même lieu, reçut sa patente (autorisation d'ouverture) de l'autorité anglaise. Montesquieu et Désaguliers assistèrent là à des cérémonies de réceptions appelées un peu plus tard **initiations**. En 1732, la fameuse loge L'Anglaise, à Bordeaux, reçut sa patente sous le numéro 204. Après les tavernes, les frères connurent les réunions d'appartements, avant de s'installer dans des locaux spécifiques. Les premières loges portèrent des noms évoquant l'idéal des frères [1] : Vertu, Sciences et Art, Harmonie, Unité, Amitié, Raison, Philanthropie... Avocats, commerçants, fonctionnaires, militaires, diffusèrent la maçonnerie en province, rencontrant un franc succès auprès d'hommes épris de libertés après le règne despotique de Louis XIV. Le mouvement donna des gages au pouvoir en initiant nombre de grands personnages, comme les frères de Louis XVI, futurs Louis XVIII et Charles X, rejoints par le duc d'Orléans, futur Philippe Égalité. Mais paysans et ouvriers étaient à l'écart du mouvement, du fait du montant de la **capitation** et de leur faible niveau de culture.

Une Grande Loge de France fut constituée en 1738, manifestation d'indépendance mal perçue des Anglais. Des problèmes de succession et d'affrontements internes eurent raison de cette première tentative d'**obédience**. Une réorganisation s'ensuivit, destinée à faire respecter le principe d'élections démocratiques des dignitaires, d'où la dissolution de la Grande Loge, puis la création en 1773 de la Grande Loge Nationale Française, qui prit le nom de Grand Orient de France, dont le premier Grand Maître fut le duc d'Orléans. Mais un certain nombre de frères, attachés à leurs prérogatives (propriétés des charges), demeurèrent fidèles à la Grande Loge, et la lutte entre les deux obédiences dura jusqu'à la Révolution.

En 1789, le **GODF** comptait 25 000 membres, répartis dans 700 loges. Mais à l'image de son temps, il refusait l'initiation aux femmes, juridiquement mineures, qui n'étaient admises que dans des loges dites d'**adoption**, dont les initiations n'étaient pas reconnues comme régulières. Pendant la Révolution de 1789, il y eut peut-être autant de maçons exilés, comme La Fayette ou Chamisso [2], que de farouches révolutionnaires comme Marat ou Chaumette. En fait, la plupart des loges fermèrent, bien que le mouvement n'eût pas été interdit.

1. Depuis le XX^e siècle, les loges de la plupart des obédiences peuvent porter des noms propres.

2. Louis Charles Adélaïde Chamisso de Boncourt, dit Aldebert von Chamisso, auteur du merveilleux conte philosophique *L'Étrange Histoire de Peter Schlemihl, l'homme sans ombre.*

La Fayette

## Un mouvement aux ordres

Dès le début du XIXe siècle, l'égyptomanie à la mode aboutit à la création d'une maçonnerie « égyptienne », tandis que les **loges** commençaient timidement à se préoccuper du développement de certaines idées généreuses dans le domaine de la bienfaisance. Mais sous le Premier Empire, le GODF fut étroitement surveillé par le pouvoir, au point que Napoléon lui imposa son frère Joseph comme Grand Maître et qu'une bonne partie de son état-major y fut initiée. L'Empereur préférait tolérer un mouvement noyauté plutôt que de le pousser à la clandestinité et voir s'y engouffrer des républicains.

Républicains ou bonapartistes, les soldats entrèrent nombreux en maçonnerie et la véhiculèrent dans toute l'Europe. En revanche, les ecclésiastiques quittèrent le mouvement en 1801, après la signature du Concordat entre Bonaparte et le pape Pie VII, qui encadra les relations de l'Église et de l'État français jusqu'en 1905.

Louis XVIII ménagea les maçons, mais soldats et monarchistes quittèrent un Ordre en butte à l'hostilité de l'Église, tandis que les républicains y affluaient.

Charles X fut parfaitement hostile aux frères, qu'il fit surveiller au même titre que la société secrète de la Charbonnerie, proche de la maçonnerie et impliquée dans des tentatives de soulèvements contre la monarchie, comme sa sœur italienne, la Carboneria.

Après 1830, ce fut au tour des grands personnages d'abandonner un groupe aussi mal vu du Vatican. Le GODF se prolétarisa avec l'arrivée d'artisans, de commerçants et de petits-bourgeois. Il demeura néanmoins libéral, monarchiste et **déiste**, malgré quelques **athées** comme Pierre Joseph Proudhon. On commença à débattre du suffrage universel, de la fondation de crèches, d'asiles, et de l'abolition de l'esclavage aux colonies, qui fut obtenue par le frère Victor Schoelcher, sous-secrétaire d'État à la Marine.

Dans cette époque romantique, la franc-maçonnerie compta un héros en la personne du député républicain Alphonse Baudin qui mourut sur les barricades de 1851 en déclarant : « Citoyens, vous allez voir comment on meurt pour vingt-cinq francs [son indemnité de parlementaire] ». Ce fut à cette époque que le GODF emprunta à la République sa devise « Liberté, Égalité, Fraternité ».

Sous le Second Empire, les frères républicains partirent en exil. Napoléon toléra la maçonnerie à la manière de son oncle, en lui imposant comme Grand Maître le prince Lucien Murat. Il fallut attendre 1861 et un assouplissement du régime pour voir un nouveau Grand Maître, le maréchal Magnan, prendre ses distances avec le pouvoir et faire respecter l'indépendance de l'Ordre.

Dans ces années-là, les idéaux socialistes circulaient dans des loges qui acceptaient les hommes de toutes ethnies, de toutes religions, et même des libres-penseurs. Alors que les seuls travaux maçonniques (rituels, histoire maçonnique, symbolisme...) étaient censés être pratiqués en **tenue**, les frères commencèrent de débattre ouvertement de problèmes philosophiques et sociaux, traitant de l'école laïque, gratuite et obligatoire, du sort des ouvriers, du divorce, de la suppression de la peine de mort, des retraites, du chômage... Autant de sujets qui ne furent pas près d'aboutir en France, ce qui montre la très relative influence des frères, souvent grossie aussi bien par ses membres que par ses détracteurs.

## La Commune et la République

Gravure symbolique : la franc-maçonnerie tente de réconcilier les Français pendant la Commune

Après la débâcle de 1870, la levée du siège de Paris par l'armée prussienne mit un terme à la guerre. Mais les Parisiens, bien qu'affamés et épuisés, voulaient résister à l'ennemi et accusèrent le gouvernement de la III^e^ République, qui avait succédé de justesse à l'Empire, d'avoir pactisé avec l'ennemi. Le 18 mars 1871, les Parisiens refusèrent de rendre leurs armes au gouvernement de Thiers, basé à Versailles et coupé de tout contact avec la population de la capitale. Puis ils élurent un conseil communal, mais les idées généreuses des idéalistes (les « fédérés ») favorables à une fédération des communes de France se heurtèrent aux partisans d'une dictature de la Commune parisienne et le chaos s'installa dans l'organisation du mouvement insurrectionnel.

En mai, grâce à la bienveillance des Prussiens, les troupes versaillaises conduites par le maréchal de Mac-Mahon entrèrent dans Paris et mirent fin dans le sang (entre vingt et trente mille morts) à un épisode révolutionnaire mythique, immortalisé par *Le Temps des cerises*, chanson du frère communard Jean-Baptiste Clément, dédiée à une ambulancière de la Commune. L'insurrection parisienne vit en fait se déchirer les frères, car si beaucoup furent des communards de premier plan, d'autres demeurèrent des bourgeois parisiens légalistes, ou des provinciaux opposés aux idées de la Commune. Cependant, le grand événement maçonnique de 1871 fut représenté par les interventions publiques – ce qui était une première – de maçons désireux d'éviter des affrontements sanglants.

Avec l'accord des dirigeants de la Commune, une **loge** parisienne signataire d'un manifeste appelant à l'arrêt des combats et qui avait reçu l'approbation de loges provinciales envoya une délégation auprès de Jules Simon (ministre de l'Instruction publique) qui leur fit de vagues promesses. Une seconde délégation rencontra Thiers le 22 avril, et lui arracha un bref arrêt des combats permettant l'évacuation des civils blessés. Le 26 avril, une assemblée générale maçonnique se tint au Châtelet : après des débats houleux, les frères décidèrent de défiler dans les rues.

Le 29 avril, six mille francs-maçons revêtus de leurs décors défilèrent de l'Hôtel de Ville jusqu'aux barricades, sur lesquelles ils plantèrent leurs bannières, en compagnie de Compagnons du Devoir. L'image reste célèbre. Mais cette intervention, par ailleurs critiquée par le grand-maître du GODF, n'aboutit à rien.

Après l'écrasement de l'insurrection, de nombreux maçons furent au nombre des fusillés ou des exilés. La Maçonnerie intervint pour l'amnistie des communards et la réconciliation des Français. Des frères entrèrent en politique et des personnalités politiques entrèrent en maçonnerie (Eugène Pottier, Louise Michel en 1905, peu de temps après la création de la première **obédience** mixte, le Droit Humain). L'attitude courageuse et pacifiste des frères pendant l'insurrection attira des artisans, des employés, et même des ouvriers. Mais la grande majorité de la classe ouvrière demeura cependant méfiante vis-à-vis d'un mouvement jugé bourgeois.

L'implication de francs-maçons dans les événements de la Commune préfigura l'**extériorisation** à venir du GODF.

Les affrontements et réactions des frères leur avaient fait prendre conscience de la force morale qu'ils représentaient, et de leur évolution d'un certain traditionalisme à un soutien majoritaire à la République naissante, dont l'orientation progressiste et modérée leur convenait. Les loges débattaient alors de la liberté de réunion, de l'autorisation de syndicats professionnels, des réglementations et limitations du travail des enfants et des femmes... Des frères s'illustrèrent sur tous les fronts : Isaac Moïse, dit Adolphe Crémieux, ministre de la Justice en 1870, fit adopter le décret portant son nom qui donna rang de citoyens français aux juifs d'Algérie (abrogé par le gouvernement de Vichy). Le député et futur président du Conseil Charles Floquet blessa en duel le général Boulanger, comploteur d'opérette contre la République. Jules Ferry fit voter en 1881 et 1882 les lois instituant l'école laïque, gratuite et obligatoire. Émile Combes déposa en 1904 la loi sur la séparation de l'Église et de l'État. Léon Bourgeois fut un des fondateurs de la Société des Nations. René Viviani lança *L'Humanité* avec Jean Jaurès (qui n'était pas maçon).

Porteuse des valeurs démocratiques et laïques de la IIIe République, la franc-maçonnerie française se mêla donc au combat politique et social, de 1873 à la veille de la Première Guerre mondiale. Le paysage politico-maçonnique a installé une vision d'un GODF radical-socialiste, plus présent dans les allées du pouvoir que dans ses loges, qui perdure aujourd'hui encore dans la représentation de la Maçonnerie que se font beaucoup de Français, et pas seulement les forces traditionnellement hostiles au mouvement (l'extrême droite antirépublicaine, les monarchistes nostalgiques ou les catholiques intégristes).

La République était fragile. Si beaucoup de frères « politiques » eurent une action que l'on jugerait aujourd'hui profane (non maçonnique), en agissant comme francs-maçons à l'extérieur des loges, la plupart regagnèrent la sérénité des temples et la vie intérieure maçonnique entre les deux guerres mondiales. En effet, dès que la République fut affermie, ils prirent leur distance avec le pouvoir, d'autant que le recul du scientisme les ramena vers la spiritualité, base des travaux en loge. Mais cette maçonnerie apaisée et discrète conserva son intérêt pour les questions humanistes, maintint sa vigilance quant aux questions de **laïcité** et poursuivit son idéal pacifique et universaliste que la Première Guerre mondiale avait fait vaciller.

## L'abandon du Grand Architecte de l'Univers

Pendant un siècle, le Suprême Conseil se posa en rival du GODF, sans qu'il y ait d'évolutions notables des **obédiences**. En 1880, une scission de **loges** du Suprême Conseil donna naissance à la Grande Loge Symbolique Écossaise gouvernant les trois premiers **grades**. En 1894, cette obédience fusionna avec le Suprême Conseil pour donner naissance à la Grande Loge de France (GLDF), qui, sans aller jusqu'au déisme, reprit la référence au GADLU défini comme un principe créateur. Mais il n'en était plus de même au Grand Orient, dont la Constitution avait cependant affirmé tout au long du siècle : « la franc-maçonnerie a pour base l'existence de Dieu et l'immortalité de l'âme ». Mais au **convent** du GODF de 1877, influencés par les idées du temps, les frères votèrent de très peu une motion supprimant de la Constitution le G.A.D.L.U. pour le remplacer par « l'idéal de perfectionnement de l'homme ». L'auteur de cette motion, futur Grand Maître de l'obédience, était le pasteur et député radical Frédéric Desmons (ça ne s'invente pas), qui avait demandé en 1869 l'admission des femmes à l'initiation, en vain. En décidant de ne plus évoquer le Grand Architecte, les frères entendaient instituer une totale liberté de conscience dans leur Ordre, en conformité avec la laïcisation de la société.

La Grande Loge Unie d'Angleterre, « propriétaire » de la régularité maçonnique, considérant que le GODF avait transgressé un des **landmarks** fondamentaux de la Maçonnerie, l'exclut comme « irrégulier » d'un mouvement maçonnique défini par elle comme « régulier ».

En 1913, Édouard de Ribaucourt, un maçon désireux de recouvrer le sens profondément chrétien de la franc-maçonnerie, fonda la Grande Loge Nationale Indépendante et Régulière pour la France et les Colonies Françaises – d'où sortira l'actuelle Grande Loge Nationale Française (GLNF) –, immédiatement reconnue par les Anglais.

Le GODF, que rejoignit la GLDF déiste, « baptisa » dès lors la franc-maçonnerie anglaise comme « dogmatique », et se définit comme « libéral ». La situation n'ayant pas évolué depuis, la plupart des obédiences françaises s'affirment aujourd'hui comme **adogmatiques**, pour éviter les confusions possibles avec le terme économique « libéral ».

La coupure entre les frères opposa un monde anglo-saxon, et en partie européen, à l'Amérique du Sud et une partie de l'Europe continentale, la Belgique ayant précédé la France dans son abandon du Grand Architecte.

## L'antimaçonnisme

Le raidissement laïc de la fin du XIX^e^ siècle n'inquiéta guère l'Église réformée, mais il s'accompagna d'une violente réaction du côté de l'Église catholique, qui n'était guère républicaine. Une bataille s'ensuivit, qui a laissé des séquelles dont on vient de découvrir qu'elles n'avaient pas disparu.

Après les premières condamnations papales et avant le Concordat rétablissant l'Église catholique française dans ses prérogatives, la première pierre de l'antimaçonnisme pur et dur avait été posée par l'abbé Lefranc dans *Les Secrets de la Révolution révélés à l'aide de la franc-maçonnerie*, et fut scellée en 1792 par un ecclésiastique en exil, l'abbé Augustin de Barruel, dans ses *Mémoires pour servir l'histoire du jacobinisme*. Dans cet ouvrage, oubliant que bien des maçons étaient aussi des exilés, l'abbé inventa un « complot maçonnique » ayant présidé à la Révolution, mêlant encyclopédistes et francs-maçons dans le même relent de soufre. Il les affubla de complices appelés les « Illuminés de Bavière ». Ce mouvement, né en 1776 sous l'autorité d'un professeur de théologie, Adam Weishaupt, pratiqua un certain entrisme[1] dans la maçonnerie aux fins de servir sa propre organisation. Mais les Illuminés étaient antireligieux et antimonarchistes, ce que n'était absolument pas la franc-maçonnerie de l'époque. Le mouvement de Weishaupt se développa en pays allemands et en Autriche, où il s'opposa aux mystiques **Rose-Croix**. Condamnés par l'Église catholique, en proie à des tensions internes, les Illuminés disparurent à la fin du XVIII^e^.
Les élucubrations barruéliennes furent à l'époque réfutées par Joseph de Maistre, un maçon peu suspect d'avoir adhéré aux idéaux républicains.

Dès le début de leur existence, les frères français se heurtèrent donc à trois ennemis traditionnels :

– les fondamentalistes des trois religions[2] « du livre », du fait de leur intolérance ;

– les monarchistes, à partir de la naissance de la République et du fait du choix des valeurs républicaines par le GODF et la GLDF ;

– les partis politiques et autres organismes antirépublicains, regroupant les extrêmes droites antidémocratiques ; des libres-penseurs et certains militants d'extrême gauche reprochant aux frères leur appartenance bourgeoise, leur carriérisme, leurs rites surannés et vaguement religieux, leur judéo-maçonnerie, car inféodés au capitalisme juif cosmopolite.

1. Entrisme : infiltration au sein d'un groupuscule.
2. Juifs, chrétiens, musulmans.

## Église catholique contre dogmatisme athée

À la fin du XIXe siècle, le principal ennemi des frères fut l'Église catholique. Le pape Clément XII avait condamné la franc-maçonnerie en 1738 par la bulle *In Eminenti Apostolarus Specula,* autant pour son **déisme** qu'en raison du **secret maçonnique** insupportable pour le pouvoir séculier de l'Église et l'obligation de la confession. En 1751, Benoît XIV, dans l'encyclique *Providas,* reprit les fulminations de son prédécesseur, en dénonçant une circonstance aggravante avec l'entrée de juifs dans les **loges**. En 1884, l'encyclique *Humanus Genus* de Léon XIII dressa un réquisitoire dont les outrances [1] s'expliquaient par les violents affrontements qui opposaient alors en France l'Église et une République soutenue par des maçons laïcs, qui, aux côtés des libres-penseurs, ne brillaient guère non plus par leur tolérance ; les journaux des deux bords de cette époque atteignirent des sommets de bêtise et de violence. C'était l'époque d'un best-seller antimaçonnique, *La Franc-maçonnerie,* de Mgr Louis Gaston de Ségur, qui recensait plus d'un million et demi de frères en France (ils devaient être moins de 50 000). Des mouvements antimaçonniques pullulèrent comme le « Comité antimaçonnique de Paris » de l'abbé de Villemont, le « Conseil antimaçonnique de France » de l'abbé de La Rive, l'« Union française antimaçonnique » du commandant Driant, la « Ligue antimaçonnique » de l'abbé Tourmentin, le « Comité d'études des questions maçonniques » de l'abbé Berger et du général de Castelnau.

Menacée dans ses rapports avec l'État et l'Enseignement, l'Église catholique ne lâcha pas sa garde après la séparation avec l'État, consommée en 1905 sur proposition du frère Émile Combes. Ainsi l'article 2335 du droit canon promulgué en 1917 condamna-t-il à nouveau l'appartenance maçonnique en affirmant : « Ceux qui adhèrent à la **secte** maçonnique qui complote contre l'Église ou les pouvoirs civils légitimes encourent *ipso facto* une excommunication. »

Aujourd'hui, l'Église propose un nouveau discours et adopte une autre position : en 1983, le canon 1374 a décrété que la franc-maçonnerie ne complotait plus contre l'Église et a levé l'excommunication. Mais les frères de toutes **obé-**

1. La franc-maçonnerie y était décrite comme : ... une secte, digne fille de Satan, faisant de l'homme comme un Dieu qui rejette toute autorité divine [...] brise ainsi le lien qui unit toute société [...] il faut arracher cette vénéneuse racine [...] qui dans ses antres accable l'Eglise d'insultes et de blasphèmes ».

**diences** demeurent en état de péché grave. Cependant, en dehors des intégristes et des forces les plus traditionalistes au Vatican, une majorité de catholiques de bonne volonté considèrent aujourd'hui la franc-maçonnerie avec respect, mais beaucoup d'entre eux ne peuvent se résoudre à entrer dans les loges. Ils rejettent le partage d'une **initiation** avec des individus qui ne seraient pas membres de leur communauté religieuse. Ils ne peuvent non plus concilier leur croyance en une promesse de salut, objet de leur foi et d'une révélation divine, avec l'affirmation d'universalité de maçons qui renoncent à la détention d'une vérité métaphysique, et dont la tolérance religieuse apparaît comme une indifférence.

Au dogmatisme religieux répond un dogmatisme **athée**. La liberté de pensée trouve sa source dans la Grèce antique, lorsque des philosophes commencèrent à mettre en doute leurs dieux, pour substituer aux mythes une explication du monde fondée sur l'observation et la raison. Absents d'un monde occidental médiéval qui n'aurait su tolérer des « sans dieu », les libres-penseurs modernes naquirent au XVIII^e^ siècle du triomphe des Lumières. Ils développèrent au siècle suivant une critique antireligieuse au travers d'un mouvement populaire et rationaliste. Ces athées fétichisèrent l'homme à la place de Dieu et divinisèrent la raison. On compte parmi eux d'illustres personnalités : le romancier Anatole France, l'historien et philologue Ernest Renan, le physiologiste et ministre de l'Instruction publique Paul Bert, le philosophe créateur du courant positiviste Auguste Comte, qui envisagea une religion de l'humanité, et bien sûr, en Allemagne, celui qui annonça la mort de Dieu, Friedrich Nietzsche.

Si la maçonnerie **adogmatique** est porteuse des valeurs de **laïcité**, elle ne peut être assimilée à la libre-pensée, car elle n'est pas antireligieuse. L'apparition d'athées dans les loges fit parfois réduire la franc-maçonnerie à une assemblée de « bouffeurs de curés ». Mais si certains frères le furent avec un fanatisme et un aveuglement aussi virulents que certains de leurs adversaires, ils servirent les ennemis de la Maçonnerie en trahissant les idéaux véritables de leur ordre.

Au congrès des Libres-Penseurs de 1905 un orateur, que certains francs-maçons d'alors n'auraient pas désavoué, déclarait : « Je demande à M. le ministre de l'Instruction publique d'adresser une circulaire très ferme pour l'enlèvement de tout emblème religieux à l'intérieur et à l'extérieur de tous les établissements d'enseignement de l'État. Au nom de la liberté et du droit de l'enfant, qu'il soit interdit aux prêtres de baptiser un enfant sans consentement écrit du père et de la mère... Nul ne peut être pleinement humain s'il ne s'affranchit des préjugés enfantés par les religions et de l'esprit d'intolérance qu'elles portent partout en elles... Les morales fondées sur une métaphysique supposent un reste de dogmatisme irrationnel. »

L'antimaçonnisme de certains libres-penseurs, présent dès les débuts du socialisme, est encore une réalité, mais qui s'est réduite aux mouvements d'extrême gauche et aux plus radicaux d'entre eux ; ils ne se sentent aucune affinité avec un mouvement maçonnique initiatique et obéissant à des rites, épris de symboles, et pour une bonne part **déiste**, sinon **théiste**. Aujourd'hui, la libre-pensée française est membre d'une Union Mondiale, hostile à toute forme d'entente avec les Églises.

## Charlatans et vilaines affaires

Dès son apparition, la franc-maçonnerie avait rencontré d'illustres manipulateurs, comme Cagliostro ou le comte de Saint-Germain, personnages « occultes » aux confins de la maçonnerie, de l'**alchimie** et du charlatanisme. Mais ils font aujourd'hui pâle figure devant Gabriel Jogand-Pagès, alias Léo Taxil, journaliste marseillais inventeur du requin qui boucha le port de Marseille.

En pleine guerre de l'Église et de la Maçonnerie, ce plaisantin se fit initier et fut rapidement radié pour une des affaires d'escroquerie qui jalonnèrent sa carrière. Il fonda à cette époque le périodique *L'Anticlérical* et publia *Les Maîtresses du pape, Les Crimes du clergé* et autres ouvrages anticléricaux, avant de s'exiler en Suisse du fait de ses activités frauduleuses. À son retour en France, changeant radicalement de cap, il se convertit avec ferveur au catholicisme. Il produisit alors de manière prolifique des écrits antimaçonniques, comme *L'Antéchrist ou l'Origine de la franc-maçonnerie,* où il révélait les horribles secrets des frères « trois points » : apparitions de Satan en **loge**, sacrifices humains, orgies, profanations d'hosties, retrouvant là les principales accusations formulées à l'égard des templiers.

Mais sa plus belle trouvaille fut la création du personnage imaginaire de Diana Vaughan, jeune égérie d'un groupe de maçons américains, dont les turpitudes dépassaient de loin les aventures de son contemporain Rocambole. Adepte de la maçonnerie, la jeune femme avait assisté à des sabbats et des sacrifices rituels avant de se convertir au catholicisme à la suite d'une apparition de Jeanne d'Arc, ce qui l'incita à dévoiler son passé dans *Mémoire d'une ex-palladiste*. Jamais personne ne vit la belle Diana et on peut se demander comment des gens cultivés et intelligents purent croire à ces sornettes pendant douze ans. Mais on sait maintenant que la manipulation mentale est un épouvantable outil de décervelage.

Léo Taxil offrit aux jésuites chez qui il avait fait retraite un morceau de la queue du démon Moloch, volé aux maçons par Diana. Et son succès devint tel qu'il suscita un congrès antimaçons à Trente en 1896, au cours duquel l'abbé Bessonies, auteur de *La Franc-maçonnerie démasquée,* fit une conférence sur Diana Vaughan.

Au summum de la gloire, Léo-Gabriel fut reçu en audience par le pape Léon XIII. Mais des doutes commençaient à poindre dans la communauté catholique, et il dut avouer sa « grandiose fumisterie » jusque dans les moindres détails. Malgré ses aveux, plusieurs publications catholiques continuèrent d'affirmer qu'il avait écrit la vérité. En 1930, les éditions RISS firent paraître dans leur bibliothèque antijudéomaçonnique, sous le pseudonyme de Spectator : *Le Mystère de Léo Taxil et la Vie de Diana Vaughan*, un ouvrage affirmant que les **Fils de la veuve** avaient toujours manipulé Jogand-Pagès.

Aujourd'hui encore, il y a des gens pour croire aux messes noires dites en loge et au complot déjoué par Barruel. Mais, *last but not least,* il faut compléter la liste des sinistres illusionnistes et des complots mystificateurs par la parution du *Protocole des sages de Sion,* prétendu procès-verbal d'une réunion secrète tenue pendant le congrès sioniste de Bâle en 1897. Le document faisait état d'une stratégie visant à déstabiliser le monde grâce aux idées libérales, afin d'asseoir une domination juive en Occident et la création d'un État juif en Palestine. Ce faux, inspiré du détournement d'un pamphlet de gauche français, avait été diffusé dès 1903 à l'initiative du général Katchkovsky, dirigeant la police du tsar Nicolas II, pour justifier les nombreux pogroms dont était victime la communauté juive de Russie.

Au XIX^e^ siècle finissant, l'affaire Dreyfus fut une autre rencontre célèbre des maçons et de l'antisémitisme. On connaît l'histoire de ce capitaine d'origine juive, accusé d'espionnage sur la foi d'un faux, et réhabilité par Zola et Clemenceau. L'affaire coupa la France entre hommes de gauche dreyfusards, anticléricaux et antimilitaristes et hommes de droite nationalistes et conservateurs, dont elle révéla le profond antisémitisme. Le GODF se mobilisa pour la défense de Dreyfus et contre l'antisémitisme ; il demanda la révision du procès, et des maçons participèrent à la création de la Ligue des Droits de l'Homme, née du procès.

Les frères furent alors traités par Édouard Drumont, pamphlétaire nationaliste, auteur de *La France juive*, de « judéophiles cosmopolites ». Mais la Maçonnerie a connu aussi quelques vilaines affaires comme celle des « fiches » du général André. S'il n'y a jamais eu de pouvoir maçonnique en France, il y eut de fortes interférences entre loges et vie publique sous la III^e République, pour le meilleur et pour le pire. Comme pour Dreyfus, l'affaire des fiches eut encore l'armée comme terrain de manœuvres.

En 1902, le frère Émile Combes, président du Conseil, nomma comme ministre de la Guerre le général André, un des rares officiers supérieurs républicains. La République était alors réellement exposée à une violente réaction cléricale et nationaliste en réponse à la séparation de l'Église et de l'État. Le gouvernement souhaitait donc s'assurer de la loyauté d'une armée, dont la majorité des cadres étaient royalistes. Pour ce faire, il voulut rééquilibrer les rangs des officiers et sous-officiers par le jeu des nominations et des promotions. Pour cela, il fallait établir un fichier. Le ministre, qui n'était pas franc-maçon, décida de contrôler la fiabilité des fiches en recourant à des organisations progressistes et républicaines, dont la Maçonnerie. Un frère capitaine servit de trait d'union, mais tout le monde ne fut pas au courant au GODF, et lorsque le fichier y transita en 1904, un faux frère dénommé Jean-Baptiste Bidegain négocia son retour dans l'Église en cédant un exemplaire du document à deux députés nationalistes : Jean Guyot de Villeneuve et Gabriel Syveton. Des extraits furent lus en chambre des députés et parurent dans la presse. Le scandale fut énorme. Guyot interpella le gouvernement, Syveton gifla le général André, avant de se suicider un peu plus tard, sans doute pour une affaire de mœurs. Mais sa mort fut attribuée à la vengeance des frères et participa d'une violente campagne antigouvernementale et antimaçonnique, avec agressions, dégradations de temples, démission du ministre de la Guerre, **démissions** de frères indignés de cette collusion avec le pouvoir politique, chute du président du Conseil. Comme les royalistes avaient aussi un fichier sur les officiers républicains, le résultat de l'affaire fut un rééquilibrage des cadres de l'armée et le renseignement politique fut confié aux préfets.

Le deuxième couac eut lieu trente ans plus tard, avec « l'affaire Stavisky ». Au cœur de cet imbroglio : un personnage d'origine russe, séduisant mais véreux, Alexandre Stavisky. Il impliqua dans une série d'escroqueries bancaires juteuses des hommes politiques et des maçons, avant de se suicider dans des conditions plus que douteuses. L'énorme scandale qui éclata fut exploité par la droite nationaliste débusquant là un juif et des frères corrompus. Le gouvernement du frère Camille Chautemps tomba, prélude aux émeutes de 1934 et à la constitution du Front Populaire. Le GODF réagit alors à l'affairisme des frères compromis en les excluant de l'**obédience**.

Malgré le faible nombre de mises en cause de francs-maçons dans des égarements en tout genre, celles-ci sont toujours fortement médiatisées, et depuis la deuxième moitié du XXe siècle l'affairisme a remplacé l'occultisme comme stigmate de la franc-maçonnerie. Dans le genre, c'est l'Italie, où la maçonnerie est pourtant peu présente, qui a établi un record d'infamie avec le scandale de la loge *Propaganda Massonica*, dite Loge P2.

Après la Seconde Guerre mondiale, dans une Italie défaite et écartelée entre communisme montant et relents de fascisme, l'Église était la seule institution à demeurer intacte et omniprésente. La maçonnerie avait été balayée dès 1925 par Mussolini. Le Grand Orient d'Italie renaissant aurait voulu participer à l'élaboration d'une nouvelle donne démocratique et laïque, mais il ne pouvait que constater son extrême faiblesse : troublés par l'excommunication, les catholiques ne se bousculaient pas pour se faire initier, la formation de nouveaux frères se heurtait au petit nombre de maçons anciens et bien formés eux-mêmes. D'où la tentation, pour l'obédience, de trouver une maturité de réflexion chez des hommes politiques ou investis de responsabilités dans le monde profane, prêts à l'aider. Pour atteindre cet objectif, le GODI s'appuya sur une curieuse structure, dont le modèle avait été « mis au point » en 1877 : la Loge P1. Cette Loge de Propagande Maçonnique fut créée dans la mouvance insurrectionnelle de l'époque pour permettre que des frères comme Garibaldi ou Mazzoni (Mazzini ne fut sans doute pas initié) échapassent aux devoirs de maçons, et puissent se réunir entre eux, en dehors des temples et des rites maçonniques. Cette organisation élitiste, hors limites de la légalité maçonnique, ne communiquait pas toujours le nom de ses membres à l'obédience.

Dès 1945, ce type de loge fut réactivé et devint le lieu de rencontre d'une intelligentsia mêlant hommes d'affaires, militaires, politiciens et artistes. Inconnus des frères qui suivaient la vie maçonnique normale du GODI, la plupart de ces hommes avaient une sincère volonté de servir la reconstruction démocratique et économique de leur pays. Ce fut ainsi que, dans l'Italie plus perturbée que jamais des années 1970, la *Loge Propaganda Massonica*, deuxième du nom, se dota d'un secrétaire nommé Licio Gelli. Entré en franc-maçonnerie en 1964, ce personnage peu recommandable était un ancien fasciste reconverti dans l'industrie du matelas et la démocratie.

Le Grand Maître du GODI, qui s'était aperçu que la loge lui échappait, tenta d'en reprendre le contrôle, sans succès. Pour lui faire passer la pilule, on lui restitua quatre cents frères. En 1980, la P2 fit une déclaration publique sur sa théorie de l'État, déclenchant enfin une enquête de l'obédience, au moment où une série de scandales allait l'atteindre au travers de plusieurs de ses membres, dont Gelli : faillites frauduleuses, collusion avec la mafia, trafics divers, assassinats politiques...

Une perquisition de la police chez Gelli établit que la loge comptait près de mille membres, alors qu'il n'en restait pas soixante-dix selon le GODI. Une enquête parlementaire fut diligentée, le gouvernement compromis sauta en 1981. La P2 fut dissoute par le GODI, et Gelli radié. Des épisodes rocambolesques suivirent, comme la fuite à l'étranger de Gelli, mais aussi des épisodes tragiques, comme la mort suspecte de Roberto Calvi, banquier de la P2 et du Vatican, retrouvé étranglé et pendu sous le pont des Moines Noirs à Londres, dans la pure tradition du thriller à l'anglaise. L'affaire prit une dimension internationale, la confusion la plus totale régnant sur les personnalités et les activités de la loge. Une puissante vague d'antimaçonnisme explosa en Italie : du pain bénit pour le Vatican.

Les conclusions des enquêtes menées par les élus et par un groupe de juristes indépendants furent à la hauteur du flou entourant la P2, tour à tour désignée comme société secrète à caractère maçonnique, ou comme mouvement profane peu organisé, aucunement intégré à une obédience maçonnique, réunissant des brebis galeuses et des gens honnêtes.

Cette confusion n'a jamais été véritablement levée, ni dans les prétoires, ni dans les médias, ni dans l'esprit du public. Mais il subsiste à travers cette déviance de la Maçonnerie une caricature du mouvement qui fit un mal terrible aux frères, y compris hors d'Italie. Et il en ressortit pour le GODI la nécessité de contrôler l'ensemble de ses loges, à l'image de toutes les obédiences structurées.

## Vichy : traumatisme et séquelles

De 1940 à 1945, le malheur de la France voulut qu'après la défaite le pouvoir politique soit légalement transféré aux ennemis de la démocratie, de la liberté de pensée, des juifs, des francs-maçons et de quelques autres indésirables (communistes, gitans...). Le régime institué par le maréchal Pétain anéantit la Maçonnerie qui mit longtemps à se réorganiser et à surmonter le traumatisme vécu dans ces années de plomb, expliquant le relatif repliement sur soi des **obédiences meurtries**, jusqu'à ces dernières décennies.

Le maréchal et son entourage : monarchistes, fascistes, fondamentalistes catholiques, virent dans leur prise du pouvoir la revanche sur la Révolution de 1789, sur la République, sur les valeurs de la **laïcité**, et même sur l'affaire Dreyfus.

Philippe Henriot et Xavier Vallat avaient déjà demandé dès 1930 la dissolution des obédiences, repaires de « combinards, politiciens véreux et anticléricaux sectaires ».

Pétain déclarait : « Il faut détruire le complot maçonnique [...]. Tout prouve que la philosophie maçonnique a consisté à dresser un dogme de **laïcisme** en opposition haineuse à la mystique chrétienne [...]. Vous ne devez pas hésiter : la franc-maçonnerie est la principale responsable de nos malheurs. »

En 1940, une loi permit de dissoudre « toute association, tout groupement de fait dont l'activité s'exerce même partiellement de façon clandestine ou secrète » ; bien qu'elles fussent des associations loi 1901 connues des pouvoirs publics, les obédiences maçonniques étaient visées. La propagande de Vichy remplaça les bulles du pape en présentant les frères comme responsables de l'entrée en guerre et de la défaite de la France, servant ainsi les intérêts juifs étrangers, ceux de l'Angleterre et du communisme international. La plupart des bâtiments maçonniques furent séquestrés et certains saccagés, les **archives** furent détruites ou dispersées [1]. Dès 1940, des centres antimaçons furent installés aux sièges de principales obédiences, où des fonctionnaires du gouvernement pétainiste montèrent des dossiers sur les frères. Dès 1941, l'historien Bernard Faÿ, professeur au Collège de France et administrateur de la Bibliothèque nationale, s'installa au siège du GODF rue Cadet, à la tête d'un Service des sociétés secrètes françaises, qui allait traquer les maçons

1. Les archives du GODF, tout comme celles de ministères de la IIIe République, furent envoyées en Allemagne par les occupants et saisies ensuite par les Soviétiques. Les Russes les ont restituées en 2002.

avec son homologue allemande, le Sicher Heisdienst. Cette même année, des listes de frères furent publiées aux J.O. faisant état de 15 000 noms de dignitaires (maîtres) maçons et de 75 000 frères, un chiffre supérieur au nombre global des maçons de l'époque (environ 50 000 en 1939), mais qui déçut cependant les instances collaboratrices, qui auraient souhaité y trouver les noms abhorrés de notables démocrates patentés. Ce recensement permit d'exclure les frères de l'administration et des fonctions électives.

Les Français furent invités à visiter une grande exposition sur les horreurs commises par la maçonnerie dans ses temples et sa responsabilité dans la guerre : « La maçonnerie, paravent commode de la juiverie internationale et de l'anarchie démocratique, régime pourri qui a ruiné la France, ruisselant de gaullisme. »

En 1943, Allemands et Français collaborateurs, dont un frère « défroqué » Jean Marquès-Rivière, réalisèrent un célèbre film de fiction *Forces occultes* montrant la résistible ascension d'un Rastignac idéaliste, manipulé par un judéomaçon et ses abominables complices.

Pendant l'Occupation, des **loges** continuèrent à se réunir clandestinement ; des frères déportés reconstituèrent des loges dans des camps de concentration comme Buchenwald. Leurs actions dans les camps entraînèrent l'estime de communistes qui s'en souvinrent après guerre et défendirent la possibilité d'appartenance de membres du PCF aux obédiences.

Il y eut des frères dans différents réseaux de Résistance comme Combat, Libération, Coq Enchaîné, Franc-tireur ; et des frères furent exécutés comme Jean Zay, ancien ministre de l'Éducation nationale, ou Pierre Brossolette, professeur d'histoire, chargé de mission d'organisation de la Résistance par le général de Gaulle, qui se suicida pour ne pas parler sous la torture.

Si, à la différence de l'Espagne et du Portugal, aucun frère ne fut exécuté pour sa qualité de maçon, plusieurs milliers de combattants résistants périrent ou furent déportés pendant la période, et un millier furent privés d'emploi. Le général de Gaulle – qui devait dire des frères quinze ans plus tard qu'« ils n'avaient pas assez d'influence pour être pris en considération, mais trop pour s'en désintéresser » – signa à Alger en 1943 une ordonnance qui annulait les lois antimaçonniques de Vichy.

Il y avait près de 45 000 adhérents au GODF en 1939 et il en restait 8 000 en 1945. Cette saignée expliquera, longtemps après la guerre, le secret dont les maçons français de toutes obédiences entourèrent leurs travaux et leur appartenance. Mais la peur de se « dévoiler » était également due au fait que si le contexte sociopolitique ne justifiait plus l'inquiétude des frères et des sœurs, le fantasme d'une puissante « franc-maçonnerie enjuivée » persistait dans une extrême droite antisémite et antidémocratique. Aujourd'hui, l'Église catholique boude toujours. Fanatiques religieux, adversaires des valeurs de la République et simples ignorants mêlent le mouvement dans un amalgame « affairo-sectariste ». Le thème éculé des « frères business » fait toujours recette pour des magazines qui n'hésitent pas, sur la foi de rumeurs, à attribuer l'appartenance maçonnique à des profanes. En revanche, la qualité de maçon n'est jamais rappelée dans les articles, voire dans les ouvrages, concernant des frères comme Montesquieu, La Fayette, Victor Schoelcher, Jules Ferry, Pierre Mendès-France, et bien d'autres...

Malgré tout, la plupart des maçons assument désormais leur identité maçonnique et revendiquent avec fierté le passé du mouvement et la qualité de nombre de ses anciens membres. La suspicion dans laquelle ils sont tenus est à tout prendre plutôt flatteuse, car elle témoigne d'une haute idée que se font les profanes des valeurs morales des « frères et sœurs trois points ». Des valeurs jugées supérieures à celles des diplômés des grandes écoles, des partis politiques, des organismes syndicaux ou patronaux, dont les réseaux d'influences (un magazine a titré à leur sujet *Les Nouveaux Francs-maçons*) sont autrement plus puissants qu'un groupe de cent vingt mille personnes qui n'a pas d'annuaire et qui n'a rien pour attirer les principaux décideurs du monde économique et financier. Qu'y gagneraient-ils ?

## Essaimage de la maçonnerie et organisations actuelles

Sans doute présente en Amérique du Nord dès le début du XVIIIe siècle, la franc-maçonnerie y fut attestée en 1730 avec la patente attribuée à la **loge** La Grappe de Raisin, à Boston. En 1734, Benjamin Franklin publia les *Constitutions d'Anderson,* des Grands Maîtres provinciaux dirigèrent des loges rattachées à l'autorité anglaise. En 1778, la Grande Loge de Pennsylvanie prit son indépendance. Bientôt aidés par des frères français comme La Fayette ou Rochambeau, les États-Unis d'Amérique se donnèrent un premier président maçon en la personne de George Washington (dont le portrait illustre le dollar américain). La maçonnerie nord-américaine connaîtra alors un essor important, constituée de fédérations de loges au niveau des États, jusqu'à ce qu'elle se heurte à un véritable raz-de-marée antimaçonnique au milieu du XIXe siècle, dont elle se releva pour devenir la franc-maçonnerie la plus importante de la planète. Une maçonnerie noire se développa sous l'appellation de son créateur, Prince Hall, ancien esclave et combattant de l'Indépendance qui reçut sa patente de l'Angleterre.

Sur le continent européen, le mouvement fut très mal vu par le Vatican, car provenant d'un pays antipapiste, porteur d'un **déisme** croissant sous l'influence des philosophes. Les interdictions papales, relayées par l'Inquisition, portèrent leurs fruits en Espagne et au Portugal, et à un degré moindre en terres catholiques allemandes, dont plusieurs princes furent initiés dès le XVIIIe siècle. Le mouvement s'étendit en Amérique latine, où il initia certains des grands « libertadores » du XIXe siècle. En pays d'Islam il ne pénétra qu'à la suite des Européens, comme en Égypte où fut initié l'émir Abd el-Kader. Il en fut de même aux Indes, dont parla si bien Rudyard Kipling évoquant dans le beau poème *Ma loge de là-bas* sa loge mère (loge où un maçon a été initié), où se côtoyaient hindouistes, musulmans et chrétiens.

Abd el-Kader

On a vu que le secret appelle le mystère et le mystère appelle le fantasme, d'où l'hostilité inévitable supportée par tout mouvement discret ou secret. Or, une société initiatique est par essence discrète, même si elle est légalement constituée et connue dans la personne de ses membres et de ses pratiques. De plus, il y a toujours un groupe minoritaire différent des autres qui peut servir de bouc émissaire en cas de troubles sociaux ou économiques. Enfin, lorsqu'un groupe comme la Maçonnerie se trouve au cœur d'un État dont les principes ne sont plus démocratiques et tolérants sur le plan religieux, il va connaître des ennuis.

Ce fut sur ce modèle que la franc-maçonnerie disparut dans les régimes totalitaires spécialistes des explications simples aux désordres du monde, par l'exploitation des frontières du fantasme et de la réalité, par l'explication du visible par l'invisible, de la misère intérieure par la menace extérieure. Un système si bien dénoncé par George Orwell[1].

Autant d'approches primitives, de recettes populistes, aboutissant à des sacrifices propitiatoires de « comploteurs judéomaçonniques » dans l'URSS de 1922 puis dans tous les pays communistes, à l'exception de Cuba ; dans l'Italie fasciste dès 1925 ; dans l'Espagne franquiste, le Portugal salazariste et l'Allemagne nazie, où la chasse aux frères commença en 1933.

Disparition en terre d'Islam au départ des Européens, sauf en Turquie avec l'avènement de la République de Mustapha Kémal.

En 1945, les francs-maçons du monde entier avaient été confrontés aux souffrances du conflit, mais ils demeurèrent séparés par la question du Grand Architecte de l'Univers. Une Grande Loge Unie des Francs-Maçons d'Allemagne fut reconnue comme régulière par les Anglais, toujours gardiens du temple. De nombreuses obédiences européennes sont actuellement tenues pour régulières dans une quinzaine de pays : Irlande, Écosse, Luxembourg, Autriche, Suisse, Espagne, Finlande, Norvège, Suède, Danemark, Grèce, Turquie, France, Belgique, Pays-Bas. Dans les pays de l'Europe de l'Est, la résurgence de la maçonnerie s'est immédiatement heurtée à un regain du religieux le plus dogmatique qu'accompagne un antisémitisme inquiétant. La franc-maçonnerie anglo-saxonne domine la planète maçonnique avec quatre millions de frères américains, près d'un million en

1. *1984*, en Folio (Gallimard, 1950). Un thème repris sur le mode grotesque par le film *Underground* d'Emir Kusturica.

Grande-Bretagne, plusieurs centaines de milliers répartis entre Canada, Australie, Nouvelle-Zélande [1]...

Toute discussion religieuse ou politique est interdite à l'intérieur des loges. L'absence de religion n'est toujours pas admissible dans un monde anglo-saxon qui ne comprend pas la notion de **laïcité**. La déclaration solennelle de la Grand Loge Unie d'Angleterre donne le ton : « La croyance au G.A.D.L.U. et en sa volonté révélée est une condition essentielle pour l'admission de chaque membre. La Grande Loge et les loges particulières doivent être composées exclusivement d'hommes ; chaque loge n'entretiendra aucune relation avec des loges mixtes ou avec des organismes qui admettent des femmes comme membres. »

La franc-maçonnerie connaît un certain déclin aux États-Unis, dont les habitants se mobilisent peu pour de grands idéaux, mais fréquentent les multiples « Églises » qui leur sont proposées. La maçonnerie y revêt un aspect très ritualiste ou humanitaire, par le biais d'actions charitables, financées par les **capitations** élevées des frères appartenant à la bourgeoisie WASP (blanche, anglo-saxonne et protestante). Enfin, la maçonnerie noire du Grand Ordre de Prince Hall, fréquentée par la communauté noire aisée forte de 500 000 membres, n'est pas reconnue par nombre de Grandes Loges américaines. Il existe aux États-Unis une profusion de mouvements paramaçonniques à buts humanitaires et sociaux, regroupant des hommes, ou des femmes (*Filles du Nil, Filles de Job*...).

Chez eux, les Anglais, qui connaissent les mêmes problèmes que les Américains, ont vu la hiérarchie anglicane prendre ses distances du fait de leur ouverture à des non-chrétiens et de leur émancipation relative. Plus récemment, leur conservatisme et surtout quelques affaires les ont mis dans le collimateur des travaillistes, qui les ont sommés de déclarer l'appartenance maçonnique de certains fonctionnaires (policiers en particulier).

Le modèle sans G.A.D.L.U., à l'aise en France, en Belgique et en Suisse, a gagné des États où la maçonnerie en général n'est pas en odeur de sainteté et où elle se heurte toujours à l'incompréhension de la notion de laïcité [2] : pays latins, Grèce, Liban, quelques pays de l'Est. Après la décolonisation,

1. À titre de comparaison : il y a 3 millions de Néo-Zélandais dont 50 000 maçons (hommes), pour 60 millions de Français et 120 000 maçons (hommes et femmes).
2. Seules les Constitutions de deux pays occidentaux ne font pas référence à Dieu : celle de la France, et curieusement celle du Portugal pour cause de

la franc-maçonnerie a disparu des pays de l'Islam[1] et d'Extrême-Orient, mais subsiste pour le meilleur et pour le pire en Afrique noire.

En France, les maçons se sont effacés du pouvoir sous la IVe République et encore plus à l'avènement de la Ve, avec une légère résurgence en 1981, malgré le peu de sympathie de François Mitterrand pour ceux qu'il appelait « les frères la gratouille » en se moquant de leurs poignées de main. Les dirigeants politiques ne fréquentent plus guère les temples : pas un seul des Premiers ministres de la Ve République n'a été un initié. Les frères et sœurs parlementaires ont chuté d'un sur trois en 1950 à moins d'un sur dix en 2004. De plus, beaucoup d'élus cessent leur activité maçonnique dès leur entrée dans la vie publique, et seuls quelques-uns d'entre eux fréquentent **atelier** ou **fraternelle** regroupant des personnalités politiques, contrevenant ainsi à un esprit d'entraide et de solidarité qui ne doit s'exercer que dans la pluralité des origines des membres d'une loge et dans le cadre d'un secours matériel ou moral.

Le GODF ne se confond plus avec la gauche démocratique, les frères aspirent encore à être « une force de réflexion et de proposition ». Ils partagent leurs travaux entre problèmes sociaux et humains (enseignement, planning familial, contraception, euthanasie, droits des femmes, laïcité...) et questionnements spiritualistes et philosophiques. En 1985, toutes les obédiences sauf la GLNF ont rejoint le MRAP (Mouvement contre le racisme et pour l'amitié entre les peuples), la Ligue des droits de l'homme et la LICRA (Ligue contre le racisme et l'antisémitisme).

Les maçons ne se sont plus montrés sur la voie publique qu'en de rares occasions (attentat contre la synagogue de la rue Copernic, loi Bayrou sur l'enseignement, etc.).

Ils ne prennent plus position pour les élections, mais ne manquent pas de rappeler aux candidats les valeurs républicaines auxquelles ils sont attachés.

---

« révolution des œillets ». L'inquiétude demeure chez les maçons **adogmatiques** quant à la future Constitution européenne.

1. À noter que les soufis, qui établissent un contact direct avec Dieu comme les déistes, fort mal vus des communautés islamiques, évoquent une certaine fraternité avec une franc-maçonnerie ésotérique et mystique. L'émir Abd el-Kader fut un grand penseur soufi et franc-maçon.

## Apparition de la mixité et première obédience féminine

Depuis les *Constitutions d'Anderson*, les sociétés profanes ont évolué, il n'y a plus d'esclaves, les femmes sont juridiquement majeures et ont rejoint la maçonnerie sauf en pays anglo-saxons. Dans des sociétés où les hommes se battent pour une véritable égalité des sexes, les femmes sont présentes en maçonnerie et reconnues par les **obédiences adogmatiques** masculines non mixtes.

Aucun argument sérieux, humain, respectable, juridique, ne peut être présenté aujourd'hui contre l'**initiation** féminine en franc-maçonnerie. On peut défendre le fait que certains Ordres puissent être exclusivement masculins ou féminins – des hommes et des femmes partagent cette volonté pour diverses raisons – mais au nom de quoi refuser la qualité de maçonne à une femme ? Parce que c'est la tradition ; parce qu'elles n'étaient pas opératives au Moyen Âge ; parce que c'était ainsi dans les **landmarks** intangibles du XVIIIe siècle. Voici des raisons défendues par quelques frères misogynes et les maçons « réguliers » ou « dogmatiques » (GLNF).

Les francs-maçons ont reçu en héritage beaucoup de symboles de l'**alchimie**, mais ceux d'entre eux qui ne peuvent supporter l'idée de francs-maçonnes en ont oublié un très beau : l'androgyne, qui unit l'énergie créatrice mâle à la réceptivité féminine, également présentes en chacun des deux sexes.

Mais les maçons adogmatiques peuvent aussi être rétrogrades ; ainsi la GLDF ne reçoit-elle pas les sœurs dans ses temples – alors qu'elle les a aidées à se constituer –, le GODF les reçoit dans une bonne partie de ses **loges**, mais pas toutes ! En fait, dès le XVIIIe siècle, les femmes avaient été attirées par le mouvement maçonnique et y étaient entrées par effraction ou séduction, au travers du système dit de l'**adoption**, qui « souchait » leurs loges sur des **ateliers** masculins. De grandes dames venaient ainsi jouer « à la maçonne » comme Marie-Antoinette mimait les bergères à Versailles. Cette franc-maçonnerie d'opérette fut réveillée justement à Vienne après la Révolution de 1789, puis s'assoupit avant de renaître en fin XIXe siècle, mais dans un esprit nettement plus sérieux, animé par des militantes sociales ou politiques, dans la lignée de Flora Tristan ou Louise Michel.

À cette époque, certains frères s'indignèrent de ce qu'un mouvement à l'avant-garde de l'humanité pût encore exclure les femmes de ses rangs. En 1860, un atelier du GODF initia irrégulièrement une femme. En 1882, la loge Les Libres-Penseurs de la Grande Loge Symbolique Écossaise, située au Pecq, près de Paris, procéda à l'initiation d'une féministe, journaliste et écrivain : Maria Deraismes. Mais il fallut attendre 1893, huit mois avant sa mort, pour que Maria initie à son tour régulièrement quinze femmes, créant ainsi avec le docteur Georges Martin l'Ordre Mixte du Droit Humain, qui deviendra une nouvelle obédience maçonnique officiellement en 1896, et ne sera reconnu par le GODF qu'en 1921.

Maria Deraismes

Ce début de la maçonnerie féminine fut marqué par l'action de femmes de grande qualité, parmi lesquelles Clémence Royer, militante socialiste et laïque, auteur d'ouvrages politiques et scientifiques. L'Ordre, devenu la Fédération Internationale du Droit Humain ou Droit Humain (DH), bénéficie d'un statut international qui lui a permis d'essaimer dans la plupart des pays où la maçonnerie est présente, y compris les pays anglo-saxons.

Après la Seconde Guerre mondiale, alors que les Françaises obtenaient enfin le droit de vote, un groupe de femmes fonda l'Union Maçonnique Féminine, qui allait donner naissance en 1952 à une obédience exclusivement féminine, la Grande Loge Féminine de France (GLFF), dont la patente lui fut accordée par la GLDF. L'obédience se développa dans la mouvance des groupes féministes luttant pour les droits sociaux et familiaux des femmes (divorce, contraception), au point que sœurs et militantes se confondirent à cette époque, représentées par des figures comme Yvonne Dornès, arrière-petite-nièce de Jules Ferry, pionnière de la franc-maçonnerie féminine et du planning familial. Recherchant leur identité propre, les sœurs de la GLFF décidèrent de porter une robe noire par-dessus leurs vêtements, symbole d'égalité.

En 1959, la GLFF abandonna le rite d'adoption de ses débuts pour obtenir de la GLDF le droit de pratiquer le REAA. Puis elle reçut la patente du GODF pour le Rite Français, à la demande de sœurs **athées** ou agnostiques, plus proches des combats sociaux ou laïcs que du G.A.D.L.U. L'obédience, qui s'est dotée des « hauts **grades** » du REAA et, plus récemment, d'un nouveau système issu du RF, a essaimé aux États-Unis, Portugal, Afrique noire, Turquie, et certains pays d'Europe de l'Est.

## Les obédiences françaises

L'histoire de la franc-maçonnerie spéculative en France a donc été fertile en scissions et regroupements qui ont abouti à un paysage maçonnique contemporain composé des grandes obédiences et d'une multitude de petites sœurs féminines, masculines ou mixtes. La diversité de cette maçonnerie apparaît comme un gage de richesse face au monolithisme anglo-américain.

En France, une obédience maçonnique bénéficie du statut et du fonctionnement général d'une association loi 1901. Elle est intérieurement régie par une Constitution qui définit sa philosophie, son règlement, ses structures et méthodes de travail. Elle fédère des **loges**, qui constituent les unités de base de la vie maçonnique. Ces loges travaillent suivant des **rites** qui leur sont propres.

### *Obédiences « **adogmatiques** » ou « irrégulières »*

Neuf de ces obédiences françaises, représentant plus de 80 % des maçons et maçonnes de notre pays (Grand Orient de France, Grande Loge de France, Fédération Française du Droit Humain, Grande Loge Féminine de France, Grande Loge Traditionnelle et Symbolique Opéra, Grande Loge Mixte Universelle, Grande Loge Mixte de France, Loge Nationale, Grande Loge Féminine de Memphis et Misraïm), ont signé le 20 février 2002 une « Déclaration commune » selon laquelle :

« Héritières de près de trois siècles de franc-maçonnerie en France assumant leurs racines communes dans les obligations inscrites par James Anderson en 1723, fières de leurs identités et de la diversité des parcours qu'elles offrent à des sœurs et des frères de toutes origines et de toutes conditions, les obédiences maçonniques françaises fondatrices de "La Maçonnerie Française", proclament la déclaration commune suivante, à l'écart des controverses partisanes, engagées dans une démarche initiatique qui émancipe les consciences...

– La primauté d'un parcours équilibré entre démarche initiatique, pratique d'une méthode symbolique et engagement citoyen et social.

– Le rejet de tout dogmatisme et de toute ségrégation.

– Le refus de tous les intégrismes et de tous les extrémismes.

– La volonté de travailler à l'amélioration de la condition humaine, aux progrès des libertés individuelles et collectives.

– La défense et la promotion de la liberté absolue de conscience, de pensée, d'expression et de communication.

– La défense et la promotion de la **laïcité**, liberté essentielle qui permet toutes les autres.

– La recherche du dialogue pour la paix, la fraternité et le développement.

Elles décident de travailler ensemble à l'amélioration de l'homme et de la société et invitent les frères et les sœurs de toutes les obédiences maçonniques à rejoindre cette démarche commune. »

*Une organisation type : le Grand Orient de France (GODF)*

Principale **obédience française**, le GODF est régi par un pouvoir exécutif assuré par un Conseil de l'Ordre de trente-trois membres, élus par des congrès régionaux et confirmés par un vote du **convent**. Ce conseil, renouvelé par tiers tous les ans, élit chaque année l'un des siens à la fonction de Grand Maître, qui ne peut être exercée plus de trois ans consécutifs.

Le pouvoir législatif est dévolu au convent, composé de délégués élus par les **loges**. Il élit son président et ses officiers, discute et vote le rapport moral du Grand Maître, examine et vote le budget, adopte le rapport de synthèse sur des questions étudiées par les loges (ces questions, d'ordre social, économique, philosophique ou symbolique, sont proposées en début d'année maçonnique à l'ensemble des loges du GODF), modifie éventuellement la Constitution et les règlements généraux. Cette organisation, très proche de celle des autres grandes **obédiences**, comprend une justice indépendante du pouvoir exécutif. L'esprit de la Constitution actuelle du GODF est représenté par son article 1$^{er}$, que chaque **vénérable maître** ou orateur d'une loge rappelle aux frères au début de chaque **tenue.**

« La franc-maçonnerie, institution essentiellement philanthropique, philosophique et progressive, a pour objet la recherche de la vérité, l'étude de la morale, la pratique de la solidarité ; elle travaille à l'amélioration matérielle et morale, au perfectionnement intellectuel et social de l'Humanité. Elle a pour principes : la tolérance mutuelle, le respect des autres et de soi-même, la liberté absolue de conscience.

« Considérant les conceptions métaphysiques comme relevant de l'appréciation individuelle de ses membres, elle se refuse à toute affirmation dogmatique. Elle a pour devise : *Liberté, Égalité, Fraternité.* »

Principale obédience française, le GODF compte près de 45 000 membres en 2004, répartis dans un millier de loges essentiellement situées dans l'Hexagone et les DOM/TOM, mais aussi parsemées sur tous les continents.

L'obédience pratique surtout le Rite Français (RF), mais son originalité est de fédérer tous les grands rites : REAA, RER, Rite de Memphis et Misraïm, Rite Émulation. Le GODF est l'obédience française qui s'extériorise le plus en faisant parfois connaître sa position sur des problèmes de société par les médias, des conférences ou colloques, et plus rarement en participant à des manifestations. Les membres du GODF appartiennent à toutes les classes sociales, avec une forte représentation des milieux de la santé (des agents hospitaliers aux professeurs de médecine), de l'enseignement (des instituteurs aux professeurs d'Université), de la justice, de la police, de la fonction publique en général, avec une sous-représentation des dirigeants d'entreprise et managers de haut rang, d'agriculteurs (autant pour des raisons historiquement religieuses que pour leur dispersion géographique, il n'y a souvent qu'un seul temple maçonnique dans un département). Longtemps absents, les enfants de l'immigration commencent à entrer dans les loges.

### *La GLDF/ le DH / la GLFF*

*– La Grande Loge de France (GLDF)*

Elle regroupe plus de 26 000 frères, présents dans plus de sept cents loges. L'obédience pratique exclusivement le REAA. Le G.A.D.L.U. y est considéré comme un symbole ouvert à toutes les interprétations, ce qui permet aux loges d'accueillir éventuellement des libres-penseurs.

La GLDF, dont la composition n'est pas très éloignée de celle du GODF, s'extériorise moins que lui. Elle reçoit régulièrement les profanes dans le cadre de conférences données par ses membres dans son Centre Condorcet de la rue Puteaux à Paris. Les thèmes des travaux des frères sont plus philosophiques et symboliques que ceux du GODF.

– *La Fédération Française du Droit Humain (DH)*

Seule grande obédience mixte, elle compte plus de 14 000 frères et sœurs (environ 1/3 d'hommes) appartenant à plus de 400 loges en France et dans le monde entier. Elle pratique uniquement le REAA, mais entretient d'excellentes relations avec le GODF, certains frères ont la double appartenance (ce qui est également possible entre la GLDF et le GODF). Le recrutement socioprofessionnel est très proche de celui du GODF.

Tous les sujets sont abordés dans cette obédience, dont le début de la Constitution rend bien compte de son historique : « L'Ordre maçonnique mixte LE DROIT HUMAIN affirme l'égalité de l'Homme et de la Femme. En proclamant le DROIT HUMAIN, l'Ordre veut qu'ils parviennent sur toute la Terre à jouir d'une façon égale de la justice sociale, dans une Humanité organisée en sociétés libres et fraternelles. »

– *La Grande Loge Féminine de France (GLFF)*

Avec plus de 10 000 sœurs appartenant à 300 loges, c'est la seule grande **obédience** exclusivement féminine, établie en France et dans une dizaine de pays étrangers. Elle reçoit les frères, pratique surtout le REAA, mais aussi le RF et le RER.

Tous les sujets sont abordés dans ses loges, mais l'obédience s'extériorise peu. Le recrutement des sœurs se fait dans un environnement comparable à celui du GODF, mais la maçonnerie étant souvent un reflet du monde profane, les catégories socioprofessionnelles y sont plus modestes. Comme au GODF, les filles de l'immigration commencent à venir.

### *Petites obédiences*

Elles regroupent les quelques milliers de maçons travaillant hors des grandes obédiences. Parmi elles :

– *La Grande Loge Traditionnelle et Symbolique Opéra*, originaire de la GLNF, s'est constituée dans un premier temps en 1958 et reformée en 1982. Riche de plus de 3 000 membres, dont certains en pays étrangers, elle pratique surtout le RER, mais aussi le RF, le REAA, et les rites anglo-saxons : Rite Émulation, Rite d'York, Rite de la Royal Arch ;

– *La Grande Loge Mixte Universelle*, née d'une scission du DH et fondée en 1973, compte environ 800 membres ;

– *La Grande Loge Mixte de France* est née en 1982, ses 2 000 membres se répartissent à égalité entre hommes et femmes ;

– *Le Rite Ancien de Memphis et Misraïm* a été constitué au début du XX^e siècle par la fusion du Rite de Misraïm (Égypte, en hébreu) – créé au début du XIX^e siècle par les frères Bedarride, officiers de l'Empire, sous la double influence des théosophes et de l'égyptomanie « retour d'Égypte » – et d'une dissidence appelée Rite de Memphis. Un peu chahutée ces derniers temps, l'obédience a perdu de nombreuses loges qui ont rejoint le GODF ; mais la branche féminine, la Grande Loge Féminine de Memphis et Misraïm, née en 1965, demeure vivace et compte un millier de sœurs ;

– *La Loge Nationale*, créée en 1966 à partir d'une scission de la GLNF, se définit comme une loge d'études et de recherches à la structure administrative légère. Ses 300 frères reçoivent les sœurs et pratiquent le RF, le REAA et le Rite Émulation.

Au travers de différents organismes et déclarations interobédientiels, il existe un Espace Maçonnique Européen regroupant les maçonneries **adogmatiques**. Tous les pays d'Europe y sont représentés, la plupart du temps par des émanations des obédiences françaises, mais aussi par des ordres nationaux tels le Grossorient autrichien, le Grand Orient de Hongrie, la Gran Loggia d'Italia, la Grande Loge Libérale de Turquie, le Grand Orient Lusitano, la Gross Loge Von Deutschland...

*Obédience « dogmatique » ou « régulière »*

Seule obédience française reconnue par la maçonnerie anglaise comme régulière, la Grande Loge Nationale Française (GLNF), qui comprend plus de 30 000 membres travaillant dans plus de 600 **loges**, n'a aucun contact avec les autres obédiences en France. Elle ne s'extériorise pas, n'entendant pas s'immiscer dans les affaires du monde profane – ce qui ne signifie pas que ses membres ne s'impliquent pas dans les luttes sociales ou politiques – mais ils doivent respecter l'interdiction en loge de tous débats politiques et sociaux au profit de seules discussions sur l'histoire de la maçonnerie, le sens des symboles, des **rites** et **rituels**. Elle n'accepte que des hommes croyant en un Dieu révélé, prêtant serment sur un livre sacré.

Ses loges pratiquent le REAA, le RER et le Rite Émulation. Son recrutement est beaucoup plus élitiste au plan financier et social que dans les autres **obédiences**. Les pasteurs y sont à l'aise, mais les nombreux catholiques y vivent mal l'état de péché dans lequel les maintient l'autorité vaticane. La GLNF a été secouée ces dernières années par des problèmes internes et quelques scandales publics. La différence d'esprit avec le GODF se traduit parfaitement dans cet extrait de ses règles : « La franc-maçonnerie est une Fraternité initiatique qui a pour fondement la foi en Dieu Grand Architecte de l'Univers. La franc-maçonnerie se réfère aux Anciens Devoirs (rites reçus des maçons opératifs) et aux **Landmarks** de la Fraternité, notamment quant à l'absolu respect des traditions spécifiques de l'Ordre. »

Il existe aussi des « obédiences » microscopiques autoproclamées, qui échappent aux règles électives et démocratiques de la franc-maçonnerie.

Il existe enfin des groupes douteux, véritables **sectes** comme l'Ordre du Temple Solaire, qui empruntent à la Maçonnerie la sonorité de son langage et l'apparence de ses rites.

# III

# Le cadre de vie maçonnique

Les maçons se réunissent en **loges** ou **ateliers** : groupes de plusieurs dizaines de personnes, dirigés par des officiers élus chaque année.

Les loges dont il est question ici sont appelées « loges **bleues**[1] ». Elles regroupent plus de 80 % des maçons, des apprentis aux maîtres. La loge bleue désigne à la fois le lieu de réunion (un temple décoré de symboles maçonniques) et le groupe qui y travaille. Dotée du statut d'association (loi 1901), la loge possède sa personnalité juridique propre (règlement, trésorerie). Elle collecte les **capitations** de ses membres, dont elle reverse une partie à l'**obédience** (location de temple, frais de fonctionnement...).

Une loge, toujours située « à l'orient » de la commune où elle est implantée (symboliquement), peut être isolée ou regroupée avec d'autres dans un bâtiment ; en province ou en région parisienne, des loges d'obédiences différentes peuvent se réunir à tour de rôle dans un même site. Chaque loge porte un numéro d'identification et un titre distinctif, qui révèle souvent l'époque de création de la loge et les valeurs dominantes de telle ou telle loge : Tolérance, Justice, L'Aurore Sociale, La Cité et les Hommes, La Lumière, Les Fils de la lumière, Les Chevaliers de la fraternité, L'Asile du Sage, Flora Tristan, Pierre Mendès-France, La Fayette, Pierre Dac, Les Réformateurs Unis, Léonard de Vinci, Hermès, Athanor, Isis, Mélusine...

1. Cette appellation fait l'objet de définitions confuses, une des principales affirmations de l'importance de cette couleur en Maçonnerie se rapportant à l'azur étoilé qui s'étend sur le plafond des temples.

## Le temple

Précédé d'un espace appelé parvis, devant l'entrée (occident), le temple a la forme d'un parallélogramme rectangle allongé dont le fond (orient) est en principe semi-circulaire. Il rappelle le temple de Salomon, cette évocation se plaçant dans une réalité ésotérique et non pseudo-historique, car « Ici, tout est symbole », selon l'une des premières phrases qu'entend le candidat à l'**initiation** à l'entrée du temple. La porte d'entrée est encadrée par deux colonnes qui portent la première lettre des noms des colonnes du temple de Salomon dans la légende d'Hiram : J (pour Jakin, ou solide) et B (pour Boaz, ou Boz, la force). Elles sont couronnées par des chapiteaux d'ordres divers, surmontés de grenades entrouvertes, emplies de grains symétriquement rangés, représentant la famille maçonnique et l'amitié. Sur le mur, à gauche de l'entrée, figure une étoile à cinq branches dont le centre est orné d'un G.

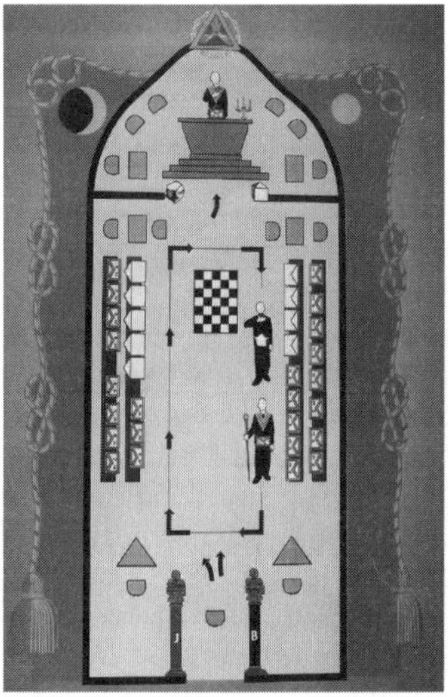

Le temple,
dessin de Maurice Serre [1].

Un temple du GODF
rue Cadet à Paris

La pièce ne comprend aucune ouverture extérieure physique, mais une fausse fenêtre grillagée signifie que les maçons présents dans le temple n'ont pas coupé le contact avec le monde extérieur.

Les murs, peints ou tapissés en bleu, sont ornés d'une frise et d'un cordon rythmé par des nœuds, ou lacs d'amour, qui

1. Extrait de *La Colonne du midi*, Poky Rochard et Maurice Serre, Edimaf, 1996.

s'achève par une houppe dentelée à chaque extrémité. Les nœuds enlacés signifient l'union de tous les maçons, et leur circulation autour de la pièce montre qu'elle s'étend autour du monde.

Un tapis de loge peut être déployé, ou « tracé », au début de la **tenue** ; il est orné des figures maçonniques propres au **grade** auquel se tient la réunion. Il rappelle les dessins qu'en l'absence de plan les ouvriers médiévaux traçaient avec une craie ou un outil pointu pour représenter le bâtiment à construire ; une figure reprise ensuite symboliquement par les premiers maçons spéculatifs sur le sol des auberges où ils se réunissaient. Le tapis est placé sur un dallage noir et blanc, appelé pavé mosaïque, qui représente le parcours du maçon, marchant en équilibre sur le fil du rasoir, entre le blanc et le noir.

Tapis de loge

Le plafond est peint d'une voûte étoilée, d'où pend un fil à plomb, symboles de la relation harmonieuse du temple avec le cosmos.

À l'orient, où rayonne la lumière de la connaissance, le **vénérable maître** siège sur une estrade surélevée de quelques marches. Sur son bureau sont posés un candélabre à trois branches, un maillet (symbole de son autorité, il sert à rythmer le rituel de la tenue), un glaive dit « flamboyant » et parfois un crâne, dans l'esprit des « vanités » picturales de l'époque classique. Sur les côtés du bureau figurent une pierre brute et une pierre taillée dite « cubique », elles représentent l'analogie du travail du maçon spéculatif avec « l'œuvrier » d'autrefois. Devant le bureau sont posés, suivant les rites :

– Un Ancien Testament ouvert au « Livre des Rois » chez les Anglo-Saxons (mais ce peut-être le Coran ou tout autre livre sacré) ;

– Un Nouveau Testament ouvert sur l'Évangile de saint Jean au REAA (les loges observant ce rite sont dites « loges de Saint-Jean ») ;

– La Constitution de l'obédience ouverte sur ses principes fondamentaux.

– Dans tous les cas, une équerre et un compas sont disposés d'une manière propre au grade auquel se déroule la tenue, quel que soit le rite pratiqué ;

– Sur le mur, derrière le vénérable maître, une lune et un soleil encadrent un triangle isocèle appelé « delta lumineux », évoquant la pensée, orné d'un œil (symbole de la conscience), ou d'un tétragramme : les quatre lettres du mot, *yod* (Y) *hé* (H) *vaw* (V) *hé* (H), Yéovah, nom hébraïque de Dieu dans l'Ancien Testament.

Il peut y avoir des différences, surtout de détails, dans ces agencements et décors, mais aucun maçon n'est perdu lorsqu'il pénètre dans un temple.

## Membres, visiteurs, et officiers de la loge

Le **vénérable maître** dirige la **loge**, assisté par un collège d'officiers comprenant neuf membres. À l'orient, le secrétaire et l'orateur siègent de chaque côté du vénérable maître. Devant eux, en contrebas de l'estrade, sont placés le maître des cérémonies et l'expert, ou grand expert. Derrière eux sont respectivement assis l'hospitalier et le trésorier. Les maçons prennent place sur deux colonnes : les apprentis s'asseyent le long de celle du nord, les compagnons au sud et les maîtres où ils veulent.

– À l'occident, au bout de chaque colonne siègent deux surveillants, le premier au sud et le second au nord au RF et à l'inverse au REAA. Le couvreur est assis seul entre les deux surveillants.

– D'autres postes n'appellent pas de place particulière : le maître de la colonne d'harmonie, le maître des banquets, l'archiviste.

– La loge où a été initié un maçon est dite « loge mère », mais il est possible de changer de loge, d'appartenir à deux loges, et même, sous réserve d'accords de réciprocité, à deux **obédiences** (c'était le cas de Pierre Brossolette). Par ailleurs, frères et sœurs assistent à leur convenance aux travaux d'autres loges et d'autres obédiences, ces « voyages » leur étant parfois demandés dans le cadre de leur cursus maçonnique.

Une bonne loge, qui répond aux besoins d'équilibre et de richesse humaine exprimés par la Maçonnerie, doit être composée si possible de membres de tous âges, de métiers et origines sociales les plus divers, d'origines ethniques, religieuses les plus variées possibles. À l'exception parfois des apprentis, tout membre d'une loge affilié à celle-ci depuis au moins six mois participe chaque année à l'élection des officiers et du vénérable maître, qui ne peut exercer son mandat au-delà de trois ans. Les travaux ne peuvent se tenir (ouverture de la loge) que si sept fonctions (ou plateaux) sont remplies suivant le principe suivant :

Trois maçons dirigent la loge (vénérable maître et deux surveillants) ; cinq l'illuminent (les trois premiers plus l'orateur et le secrétaire) ; sept la rendent juste et parfaite (les cinq premiers plus le maître des cérémonies et le grand expert).

– *Le premier surveillant* remplace le vénérable maître, forme les compagnons et, avec l'autorisation du vénérable, donne la parole sur sa colonne.

– *Le deuxième surveillant* assure la formation des apprentis et donne la parole sur sa colonne.

– *L'orateur* est le gardien de la conformité des travaux à la Constitution de l'obédience et au règlement de la loge, il présente les conclusions d'une **tenue** et prononce les allocutions de bienvenues aux récipiendaires des trois **grades**.

– *Le secrétaire* rend compte à la loge des travaux des tenues et assure les relations administratives avec l'obédience.

– *Le maître des cérémonies* accompagne tout participant amené à se déplacer dans le temple et règle les cérémonies d'**initiations**.

– *Le grand expert* veille au bon déroulement du **rituel** au cours des déplacements dans le temple et pendant les cérémonies. C'est lui qui se charge de la « mise en conformité » du temple pour les ouvertures et fermetures de tenues, en fonction du grade auquel se tient la tenue (lumières, dispositions de différents symboles, déroulement du tapis de loge...).

– *Le trésorier* assume la même fonction que son homologue dans une association loi 1901.

– *L'hospitalier* recueille le produit d'une quête effectuée en fin de tenue au moyen du **tronc de la veuve.** Cet argent peut être versé à une organisation humanitaire extérieure à la maçonnerie, mais il sert le plus souvent à aider des membres de la loge en difficulté (paiement de leur **capitation**...). L'hospitalier se tient par ailleurs informé de tous problèmes de santé frappant un membre de la loge, peut lui venir en aide, et en fait part aux membres de l'**atelier**.

– *Le couvreur*, placé seul entre les surveillants, est l'ancien vénérable, qui tient cette fonction de portier (il ouvre la porte, s'assure de l'identité des arrivants...) afin de symboliser l'humilité de celui qui a connu le pouvoir et exerce la plus modeste charge de l'atelier.

– *Le maître de la colonne d'harmonie* rythme la tenue d'intermèdes musicaux en fonction de la personnalité des intervenants et des thèmes des travaux.

– *Le maître des banquets* est responsable des repas (agapes) qui suivent les tenues, et d'agapes particulières (banquet suivant une initiation, fêtes des solstices, etc.).

## Les décors individuels et les outils

De même que si l'on sort un chirurgien, un cuisinier ou un militaire de son contexte professionnel, ils peuvent paraître ridicules, de même les attributs distinctifs portés par les maçons dans leurs temples ne peuvent être compris que si on les rattache à leur définition symbolique, dérivée des métiers des maçons opératifs.

Principaux outils symboliques de la franc-maçonnerie

Le tablier en peau est l'élément fondamental qui représente le maçon au travail. Au **grade** d'apprenti, il est blanc, vierge de toute inscription et porte sa bavette relevée. Le compagnon porte son tablier, bavette baissée. Le tablier de maître, bordé de bleu (RF) ou rouge (REAA), comporte les lettres du mot propre à la maîtrise, M et B, suivies des trois points maçonniques (.°.) et parfois d'autres décorations (branche d'acacia, équerre et compas, temple, étoile...). Aux XVIIIe et XIXe siècles les tabliers, et surtout ceux des hauts grades, ont fait l'objet de véritables chefs-d'œuvre de décorations (scènes allégoriques inspirées de l'égyptomanie, légende d'Hiram...)[1].

Les gants, autres attributs essentiels, sont gages de pureté de cœur et de mœurs tout autant qu'évocation d'une fonction de protection pour l'ouvrier bâtisseur.

Les dignitaires des **obédiences** portent des sautoirs spécifiques. Le vénérable maître et les officiers portent des sautoirs ornés d'attributs symboliques propres à leur fonction :

– une équerre pour le vénérable ;
– le niveau pour le premier surveillant ;
– la perpendiculaire pour le second surveillant ;
– le volume de la loi pour l'orateur ;
– une plume pour le secrétaire ;
– un œil et un glaive croisé avec une règle pour l'expert ;
– deux glaives croisés et une canne pour le maître de cérémonie ;
– deux clés croisées pour le trésorier ;
– une bourse pour l'hospitalier ;

1. Voir *Paroles de francs-maçons*, Jack Chaboud, Albin Michel, collection Carnets de Sagesse.

– un glaive pour le couvreur ;
– les maîtres portent, en principe, un cordon orné d'une branche d'acacia, d'une équerre et d'un compas.

Tout comme les décors, les outils maçonniques ne sont pas de simples objets, mais figurent la relation des francs-maçons spéculatifs aux opératifs. Ils s'inscrivent dans la démarche maçonnique qui affirme que dans le temple « tout est symbole et rien n'est incompris ». La plupart de ces outils sont remis aux novices au moment de leur initiation, en même temps que leur symbolique leur est expliquée.

Le compas et l'équerre montrent l'alliance de la terre et du ciel, l'association entre matériel et spirituel (déjà, les bâtisseurs médiévaux représentaient un G.A.D.L.U. tenant le globe terrestre entre compas et équerre). Mais chaque outil revêt un sens propre :
– le compas mesure la sagesse ;
– l'équerre désigne la rectitude morale, justice et raison ;
– le ciseau signifie discernement et efficacité ;
– le niveau est égalité ;
– la perpendiculaire est équilibre ;
– la règle est exactitude ;
– la truelle cimente l'amour fraternel ;
– le maillet (qu'utilisent le **vénérable maître** et les surveillants) désigne l'autorité, l'intelligence et la volonté ;
– l'épée flamboyante, qui figure la pensée, sert au vénérable à « constituer » le nouveau frère.

## La vie de la loge

Toutes grandes **obédiences** confondues, les **loges** comprennent en moyenne de 30 à 50 membres présents en **tenue**, soit de 20 à 100 inscrits. L'assiduité est de 50 % en région parisienne et de près de 70 % en province. Au-delà de 80 membres, beaucoup de loges se scindent en deux groupes pour reformer une autre loge. En effet, au-delà d'une cinquantaine de membres présents, le temps de parole, plus lent en maçonnerie que dans la vie profane (écoute, demande de parole, phrases rituelliques, etc.), ne peut plus être respecté et les participants n'ont plus l'occasion de se connaître de manière satisfaisante.

Des visiteurs ou visiteuses (selon **ateliers** ou obédiences) peuvent également assister aux tenues, s'il existe une reconnaissance mutuelle de leurs obédiences.

Les discussions sont conduites selon une méthode rigoureuse et originale (système triangulaire de prise de parole, silence, écoute, absence d'applaudissements...) que les francs-maçons ont inventée et dont se sont largement inspirés théoriciens et animateurs de travail de groupe.

La vie maçonnique se déroule de septembre à juin. Les tenues, qui durent environ trois heures, ont lieu au maximum deux fois par mois et en principe le soir. Le maçon qui ne peut venir se fait excuser, parfois en versant une **obole** au **tronc de la veuve**. Il faut ajouter à ces tenues dites « d'obligation » les réunions de formation des apprentis et compagnons, les comités de gestion de la loge réunissant les officiers ou les maîtres ; des commissions formées de volontaires étudient les « questions » présentées annuellement par une obédience à toutes ses loges.

Il existe des loges spéciales, ne se réunissant qu'une fois par mois, ou quand elles le peuvent, ce sont celles des gens du voyage, des comédiens, des non-résidents en France, pour la plupart. Ces loges ne sauraient être comparées à celles où se rassemblent hommes politiques ou autres groupes élitistes.

Enfin, il existe des tenues particulières : tenue funèbre pour un maçon « passé à l'orient éternel » ; fête des lumières ; cérémonies solsticiales (la Saint-Jean d'été est célébrée à l'extérieur, dans la nuit) ; des banquets familiaux ; des cérémonies d'**adoption** et de reconnaissance conjugale par lesquelles les maçons s'engagent vis-à-vis d'une épouse ou d'un enfant.

Les tenues blanches fermées admettent un conférencier profane (du monde savant, religieux, politique, artistique...) face à une assistance exclusivement maçonnique.

– Les tenues blanches ouvertes présentent un conférencier franc-maçon devant une assistance composée de maçons et de profanes.

– Les obédiences organisent également des colloques ou conférences. Il existe des organismes paramaçonniques, souvent interobédientiels, moins importants et plus discrets que chez les Anglo-Américains : orphelinat, colonie de vacances et mouvements de jeunes enfants de maçons, ou organismes d'entraide.

# IV

# Le chemin maçonnique

## *Du profane au maître : le grand secret*

La franc-maçonnerie, selon les termes d'un Grand Maître, « ne recrute pas mais accueille, elle doit savoir donner envie de venir (aux jeunes) sans faire de la retape ou du prosélytisme, mais en leur disant qui nous sommes et ce que nous faisons ».

Certains profanes connaissent des maçons, qui leur ont parlé de leurs activités et de l'esprit qui les guide ; d'autres ont lu ou vu des ouvrages, des magazines, des sites internet ou des reportages à la télévision, écouté des émissions à la radio, assisté à une **tenue** ouverte. Autant de possibilités d'éveiller leur attention, d'identifier dans le mouvement une possible réponse à leurs attentes intellectuelles ou spirituelles.

Mais qui peut entrer en Maçonnerie, et comment ?

Tout le monde, à condition :

– d'être majeur, moins pour l'aspect légal que pour un minimum de maturité,

– de bénéficier d'une instruction suffisante pour suivre les travaux (savoir lire et écrire),

– d'avoir un casier judiciaire vierge,

– de ne pas appartenir à un organisme prônant le racisme ou la xénophobie,

– de notifier les raisons de sa motivation à rejoindre le mouvement.

Contrairement à une idée reçue, il n'est pas nécessaire d'être parrainé ; toute personne peut faire acte de candidature, en s'adressant directement à l'une ou l'autre des **obédiences**.

Tout candidat rencontre d'abord le **vénérable maître** d'un **atelier** situé le plus près possible de chez lui, puis, sa demande ayant été communiquée aux membres de la **loge**, si ceux-ci votent favorablement, trois maîtres désignés par le vénérable maître rencontrent le candidat pour s'entretenir avec lui de sa disponibilité, de sa vie familiale et professionnelle, de ses opinions religieuses et politiques. Il ne s'agit pas d'une enquête au sens policier, mais d'une mise au point de l'intéressé qui sert autant à l'éclairer qu'à guider le jugement de la loge. Après que les maçons ont pris connaissance des trois rapports, ils votent ou refusent l'audition du candidat.

S'ils se prononcent favorablement, celui-ci est reçu dans le temple les yeux bandés, car il est toujours dans les ténèbres. Dans cette épreuve « sous le bandeau », il répond à des questions d'ordre général dans un esprit fort éloigné de celui des « grands oraux » et autres examens profanes. Les membres de la loge votent ensuite l'admission, l'ajournement ou le refus par boules blanches ou noires. Un candidat refusé peut se présenter devant une autre loge.

S'il est admis, le postulant est ensuite convié avec une ou plusieurs autres personnes à la cérémonie de réception au **grade** d'apprenti, qui leur apportera la lumière. Dans la plupart des obédiences, chaque candidat est d'abord invité à suivre un chemin labyrinthique qui le conduit dans une pièce sans ouverture dite **cabinet de réflexion**, où il est invité à méditer longuement et à rédiger un testament philosophique attestant de sa volonté de changer en lui l'être des préjugés et des passions mauvaises. Le reclus est entouré de symboles évocateurs de la condition humaine (crâne, pain moisi...), dont certains se réfèrent à la morale alchimique, ainsi « re-connue » dans son langage hermétique par la maçonnerie (le sel, le soufre, un coq représentant le mercure ou la persévérance[1]) et en particulier l'acrostiche V.I.T.R.I.O.L.[2], équivalant du « connais-toi toi-même » socratique qu'il définira bientôt en langage maçonnique par la taille de la pierre brute symbolique de son temple intérieur. Il lui est ensuite demandé de « laisser ses **métaux** à la porte du temple » (montre, argent

1. La symbolique du coq remplit des livres entiers et sa correspondance alchimique n'est pas avérée.
2. « *Visita interiora terrae, rectificandoque, invenies ocultum lapidem* ». Visite l'intérieur de la terre, et en rectifiant, tu trouveras la pierre cachée.

et autres bijoux), symboles des passions destructrices, car on lui propose d'entrer dans un monde d'où affrontement et domination sont proscrits. Puis, les yeux toujours bandés, il est conduit vers la vraie lumière au long d'une série d'épreuves inscrites dans une démarche commune à toutes les sociétés initiatiques, amenant leurs néophytes à voyager des ténèbres vers une renaissance lumineuse. À l'issue de cette cérémonie, le nouveau maçon prend connaissance des **mots**, signes (gestes, **marches**...) et **attouchements** (poignée de main) propres à son grade, et se voit remettre son tablier et ses gants.

Cette **adoption** par une loge conduira ensuite l'impétrant à entreprendre son cheminement maçonnique dans le silence, suivant une formation qui ne s'achèvera jamais puisque les maçons ne sauraient atteindre l'excellence, pour employer un terme bien propre à la vanité du monde contemporain.

La vie du nouveau maçon sera jalonnée par deux autres cérémonies de passage aux grades de compagnon et maître, auxquelles il sera présenté s'il a effectué un minimum de travail sous formes de « planches » ou conférences sur des sujets choisis avec son surveillant. Les planches, qu'elles soient présentées par qui que ce soit, ne dépassent pas en principe quinze à vingt minutes et sont suivies de débats. Dans le cas de l'apprenti, elles traitent de sujets philosophiques (la tolérance, le pouvoir), ou symboliques (l'équerre, la lune...). Un vote fraternel des compagnons et maîtres, qui prend en compte la conférence mais aussi la personnalité de l'apprenti et son intégration au groupe, décide de son passage au grade supérieur.

## Le vécu

Il n'y a pas de **secret maçonnique** au sens où l'entendent magazines, romans ou films traitant du sujet sur un registre de pacotille. Le mot n'existe pas dans les textes fondateurs de 1723. Tout au plus, à la fin de chaque **tenue**, les participants promettent-ils de ne pas évoquer dans le monde profane les travaux réalisés ce soir-là ; mais dans le même temps, tout au moins en Maçonnerie **adogmatique**, ils s'engagent par une phrase rituelle à faire bénéficier la société profane de toute connaissance utile qu'ils auraient acquise.

Il n'y a pas de formule magique, pas de sésame pour aller au-delà du miroir, mais une méthode originale et un langage symbolique pour aider à la compréhension de sa richesse intérieure et des problèmes du monde. Alors si tout est connu, du bandeau du néophyte à la légende fondatrice de la maîtrise, où se niche le trésor caché, la pierre taillée philosophale ?

On ne peut pas accéder aux arcanes d'un groupe si l'on n'en est pas membre ; si l'on n'est pas inscrit dans une même continuité, les mêmes processus de travail, le même langage ; si l'on ne partage pas les mêmes succès ou échecs. Mais ce groupe ainsi défini peut être aussi un syndicat, un parti politique, une équipe sportive, une association humanitaire, un régiment, une entreprise, ou bien cet assemblage archaïque formé d'un homme et d'une femme qui tentent de traverser la vie ensemble.

Donc, le secret maçonnique n'est pas là !

Alors, on peut aller plus loin dans ce groupe spécifique qui ne génère pas d'enjeu réel de pouvoir ou de gain matériel, puisque le maçon n'agit pas en tant que tel hors du temple. Bien sûr, les frères et sœurs ne sont pas « tous beaux et tous gentils », mais on a compris qu'on ne s'agresse ni ne se complimente en aucune façon en Maçonnerie. Il y a un certain bonheur à y partager ses idées comme ses repas, chacun est libre de donner ou non de son temps et de sa pensée à sa **loge**, de vivre avec sa famille et ses amis profanes, de garder sa personnalité et sa lucidité, au même titre que la loge conserve une véritable indépendance vis-à-vis de l'**obédience**.

Ces maçons sont certes singuliers, mais on peut trouver des groupes humains qui développent aussi l'ensemble de ces pratiques de fraternité et libre spiritualité. Ne dit-on pas un peu abusivement de toute épreuve et de tout apprentissage dans la vie profane qu'ils constituent des initiations ? Alors, il faut aller chercher la pierre cachée du côté de l'initiation !

## La voie initiatique

En entrant dans le temple, le maçon gagne un espace et un temps éloignés du bruit et de la fureur du monde, pour lui permettre de tenter de mettre de l'ordre dans son chaos intérieur, ou dans celui qui l'entoure dans la vie profane.

Pour s'en pénétrer, la meilleure comparaison pourrait être celle d'une soirée au théâtre : vous avez couru toute la journée, manqué un rendez-vous important ; il pleut, vous ne trouvez pas de place pour garer votre voiture, que vous laissez sur un passage protégé, vous entrez dans le théâtre en retard, furieux, trempé. Vous êtes agressé par la rumeur des spectateurs pressés et les lumières crues du hall, et soudain tout bascule : vous entrez dans la salle de spectacle silencieuse, baignée d'une lumière diffuse, on vous indique votre fauteuil à voix basse, vous êtes bien assis, vous fermez les yeux, les trois coups résonnent, le rideau s'ouvre. La pièce qui commence va vous proposer un mystère, une réflexion, un moment de bonheur, un sourire, un rire, une larme.

C'est vers cet état de bien-être que conduit une **initiation** maçonnique, qui s'inscrit dans un processus immémorial de reproduction des mystères de la terre et du ciel, de la naissance et de la mort, de l'approche de la connaissance. Pour s'imprégner de ce parcours qui conduit dans un ailleurs, hors de toute règle d'intégration et de vie d'autres groupes humains en Occident, il faut découvrir et maîtriser la poésie et la puissance évocatrice, intellectuelle et sensuelle du langage des symboles. La cérémonie de réception de l'apprenti, par son intensité et ses énigmes, pose la première pierre brute de la future exploration de son temple intérieur qu'entreprendra le néophyte dans le temple extérieur.

Ainsi, peu à peu détenteur des **rituels**, outils et langage qui lui permettent de travailler et d'approcher du cœur de lui-même et des mystères qui lui sont proposés, le maçon parle, écoute, médite, échange, découvre, empruntant souvent les voies d'un labyrinthe qu'il n'aurait pu découvrir dans le monde profane. Ce frère ou cette sœur initiés sont à la fois « je » et un autre, tous deux cheminant en parallèle entre ciel et terre. Tous deux unis comme les deux morceaux de cette pierre ainsi assemblés pour donner son sens au mot « symbole ». Cette coïncidence, cette fusion bien connue des jumeaux, relève de l'**alchimie** la plus pure. Bien entendu, ce vécu, qui requiert une ouverture à la pensée **ésotérique**, n'est pas expérimenté par tous les maçons de la même façon, avec la même intensité.

Et c'est ainsi que la franc-maçonnerie est grande, et fait grandir.

## Le sacré

Comment le sacré peut-il échapper à la religion ? Comment la Maçonnerie peut-elle revêtir un caractère sacré ?

L'initiation constitue un passage du profane au sacré en permettant d'entrer dans un espace-temps non dévolu au surnaturel ou au merveilleux, mais en accordant aux initiés ses valeurs spirituelles : outils, gestes, mots et silences, qui sacralisent leur environnement. Sans eux, le temple n'est qu'une pièce vide que n'habite aucune transcendance. Mais leur présence donne aux lieux un caractère sacré tant il est vrai qu'il ne s'agit plus de la définition d'un site religieux, mais concerne un corpus inconnu des profanes, ou à tout le moins une activité qui mérite le respect.

La franc-maçonnerie n'est pas une religion, ni un substitut religieux ; elle n'exige pas une foi de ses membres et aucune présence divine n'habite ses temples. L'ancien prieur d'un monastère catholique devenu franc-maçon a pu dire qu'il trouvait dans la **tenue** maçonnique un univers semblable à celui de la vie monacale, auquel « il ne manquait que le chant ». Silence, écoute, patience et rituel, sont autant des vertus de maçons **athées** que de moines.

De fait, en recouvrant le sens des mythes fondamentaux de l'humanité, les **rites** maçonniques s'apparentent aux grandes religions, dans une tentative de donner du sens à l'humanité. Le rite et son **rituel** transforment le monde du dehors en monde du dedans. Ils fusionnent une assemblée hétérogène d'hommes ou de femmes en une communauté fraternellement unie par gestes et langage.

Le point culminant du mouvement fusionnel opéré par la maçonnerie est connu de tous les comédiens, pour reprendre l'exemple de la pièce de théâtre. Certains soirs, qu'ils ne peuvent prévoir, passe entre eux et les spectateurs un de ces courants qui vous donne des frissons de plaisir dans le dos. Ce moment d'exaltation peut encore être comparé à la fusion dans le creuset de l'athanor alchimique, cette soirée-là, l'ensemble des acteurs de cette pièce dans la pièce obtiennent la pierre philosophale, ou égrégore. Ce moment privilégié est souvent vécu en fin de tenue dans la chaîne d'union regroupant les maçons qui forment un cercle, mains enlacées, en évoquant le lien qui les unit aux maçons qui les ont précédés et la volonté d'œuvrer pour ceux qui leur succéderont. Mais dans l'intensité de ce silence, chacun peut dédier ses pensées à ceux qu'ils aiment, vivants ou morts. Cet instant privilégié a été rendu célèbre par le *Chant des adieux*, poème maçonnique de l'Écossais Robert Burns :

*Formons de nos mains qui s'enlacent*
*Au déclin de ce jour,*
*Formons de nos mains qui s'enlacent*
*Une chaîne d'amour.*

Le sacré n'est pas exclusif d'un culte, d'une religion, d'un dieu, il peut appartenir à un mouvement spirituel libre de toute attache dogmatique, qui le comprend comme un aspect de l'élévation de l'esprit, ou de l'âme pour ceux qui y croient, une humanisation du divin [1].

Cette acception de la transcendance incite certains à rapprocher Maçonnerie et bouddhisme (la double appartenance n'est pas rare), dans le sens d'une même démarche – définie par des rituels, des symboles, dans un espace sacré sans qu'il soit dédié à un principe divin – destinée à éteindre les passions pour allumer sa lumière intérieure. Mais ce sont deux courants qui sont à l'orient et l'occident l'un de l'autre.

## L'esthétique, l'étoile et la lettre « G »

Le prêtre et théologien Eugen Drewermann précise : « Nous gagnerions beaucoup à être capables de nous laisser pénétrer par les récits de la Bible et les symboles de l'Église à la façon des artistes, des musiciens, des peintres et des poètes, et non à la manière de logiciens. » Il désigne ainsi la voie royale de l'esthétique symbolique. En effet, au-delà du langage usuel, qui demande à raisonner et à analyser, le symbole synthétise et rassemble les messages indicibles, comme ceux du rêve. Le poète Pierre Reverdy l'exprime ainsi : « Ce qui n'est pas explicable n'est pas incompréhensible. » En connectant nos facultés de sentir et de comprendre, le symbole nous entraîne dans la voie des remarquables *Correspondances* évoquées par Baudelaire, ou si bien définies par le peintre Paul Klee : « Notre cœur bat pour nous emmener vers d'insondables profondeurs – ces voyages, rêves, idées, imaginations – formant avec les moyens plastiques correspondants des étrangetés qui deviennent réalités, réalités de l'art qui font la vie plus haute, annexent la part de l'invisible aperçu occultement. »

Toutes ces voix affirment à l'unisson l'importance et la beauté de l'univers symbolique, tel qu'il peut être vécu par le maçon.

Ce ne fut pas un hasard si, à la fin du XIXe siècle, des peintres, écrivains et musiciens, se définirent comme « symbolistes ». Comme ces artistes, tels Mozart ou Goethe, nombre de créateurs inspirés ont donné depuis, des œuvres dans lesquelles les maçons se reconnaissent. C'est le cas du *Petit*

1. Voir *L'Homme-Dieu ou le Sens de la vie*, Luc Ferry, Grasset, 1996.

*Prince* d'Antoine de Saint-Exupéry (qui n'était pas maçon), dont la merveilleuse symbolique (dessin d'enfant, solitude, étoile, fleur, désert... qui exprime l'amour, la fraternité, la beauté) explique l'immense succès planétaire.

La symbolique, comme moteur de création, ne peut donner du talent à qui n'en a pas. Et bien des poètes maçons, pour qui « tout est symbole », ne sont pas les descendants de Mallarmé, pas plus que tel laborieux compilateur de Saint-Exupéry et des *Mille et Une Nuits*, cancre alchimique pour qui « tout ce qui est en bas est comme ce qui est en haut », n'a persuadé nombre de lecteurs qu'ils étaient devenus des philosophes.

Ultime expression esthétique de la Maçonnerie, il existe un artisanat spécialisé qui s'est exprimé depuis le XVIIIe siècle sur des séries d'objets de décoration très recherchés des profanes comme des maçons : boîtes à pilules, vases, bijoux, vaisselle (faïences de Moustiers, La Rochelle), gravures, sculptures [1]... Les décors représentent des outils et autres symboles maçonniques, des scènes d'initiation, d'agapes, des bâtiments égyptiens ou grecs. Les tabliers, en particulier ceux des hauts **grades** au XVIIIe et au XIXe siècle, ont fait l'objet de décorations comme on l'a déjà vu.

Chaque **obédience** présente dans ses locaux un certain nombre d'objets propres à son histoire, mais il existe depuis peu un musée de la Maçonnerie française rue Cadet à Paris, dans l'hôtel du GODF, et une photothèque qui répertorie un ensemble de pièces et documents d'obédiences en relation avec le GODF.

Élément clé de tout panthéisme cosmique, l'étoile à cinq branches est un des symboles les plus esthétiques et les plus chargés de sens de la maçonnerie.

Révélée au compagnon au cours de la cérémonie de passage à ce grade, elle traite à la fois de beauté et de mystère, mais aussi de connaissance par l'insertion en son centre d'une énigmatique lettre G.

1. En 1879, le sculpteur Jacques France réalisa le buste de la Marianne aux décors maçonniques, aujourd'hui au musée de la Maçonnerie française, rue Cadet à Paris.

C'est une étoile seule ou inscrite dans un pentagone. Outre l'unité cosmique, elle représente la fusion du masculin et du féminin (3 + 2 = 5, nombre du compagnon).

Lorsqu'elle se charge d'un pouvoir magique, elle devient pentacle, et sous diverses représentations devient signe du diable, de l'ange déchu.

Connue des Chinois, Hindous, Incas, Aztèques, Dogons, Bambaras, Celtes. Idéogramme signifiant « adorer » chez les anciens Égyptiens ; pentagramon ou signe de reconnaissance évoquant la perfection ; nombre secret des pythagoriciens ; bijou étoilé venu d'Abyssinie dans la tradition biblique, offert à Salomon par la reine de Saba. Dans la Kabbale, il est question d'une clavicule (du latin *clavicula*, « petite clé ») de Salomon donnant accès à un secret d'ordre matériel ou spirituel, un bijou pouvant être figuré par un pentacle, mais qui est en fait un heptagramme.

Dans l'ésotérisme occidental, ce pentacle magique est celui du tarot, de l'Hermès alchimique. Repris par l'islam, et la chrétienté (l'étoile du berger), c'était l'étoile à cinq branches inscrite dans la décoration religieuse médiévale qui reliait anges et étoiles et manifestait le Saint-Esprit en fleurissant dans les rosaces. À la Renaissance, le pentagone étoilé devint la représentation de ce microcosme humaniste entourant l'homme régénéré en cinq points : les quatre membres que gouverne la tête de l'homme universel, dessiné par Albrecht Dürer et Léonard de Vinci. Chez les **Rose-Croix**, le pentagramme centré sur la croix signifiait le passage du concret à l'abstrait. Le pentagone quitte le champ du rêve quand il est symbole de la puissance américaine, et il entre dans les champs de la nature sous forme de campanule, gentiane, morelle, douce-amère, églantine, fleur de pommier...

En Maçonnerie, l'étoile à cinq branches apparaît en 1737 au travers d'étoiles flamboyantes, tracées entre ciel et terre par le compas et l'équerre, symboles de perfection, de l'homme renaissant des ténèbres profanes. Ses cinq branches exprimaient une manifestation centrale de la lumière, foyer de l'univers, un centre mystique (ce que les maçons appellent le centre de l'union).

Avec le soleil et la lune, lorsqu'on l'allume à l'occident pour une **tenue** au deuxième **degré** ou pour la cérémonie de passage de l'apprenti au grade de compagnon, l'étoile forme un triangle qui unit leurs lumières. Dans certaines **loges**, au cours de la cérémonie au deuxième degré, deux maîtres tracent l'étoile au sol avec équerre et compas, suivant la méthode Dürer ou Vinci.

Cette « inaccessible » étoile, chantée par Jacques Brel, passé comme une comète en Maçonnerie, est un astre humaniste très proche de l'astéroïde B612 du *Petit Prince,* car elle sait faire rire, face aux étoiles froides du savant ou du promeneur, qui se taisent ; ses rais ne sont pas des flammes, mais l'expression de son rayonnement dans l'esprit des frères et sœurs. Cette image rayonnante est déjà visitée au cours de la cérémonie de réception du profane, où les épées pointées sur lui au moment où on lui enlève son bandeau représentent autant de rayons qui unissent les maçons à celui ou celle qui va le devenir.

Au cœur de l'étoile flamboyante figure une lettre G qui s'ouvre sur de multiples interprétations. Apparue en même temps que l'étoile, l'origine réelle et la présence de cette lettre demeurent une énigme :

Gamma grec ? Ghimmel hébraïque de la Kabbale, force créatrice qui dépasse le monde visible ? Gravitation, force primordiale qui régit le mouvement et l'équilibre de la matière, révolutions de la terre et des corps célestes, force qui rapproche les cœurs, hommage à Isaac Newton ? Gnose (Glose) ? God (le dieu de la maçonnerie anglaise naissante) ? ou Got, Great, Gross, Grand ? Géométrie, qui fonde la science positive car « nul n'entre ici s'il n'est géomètre » selon la devise pythagoricienne de l'Académie platonicienne ? Mais aussi Génie, G.A.D.L.U. ?... Ou encore : Grandgousier, Gargamel, Gargantua, car il y a de l'humaniste et de l'alchimiste chez Rabelais et « tout est dans tout et réciproquement » ?

Tout est symbole, répète le maçon, et qu'importe le G, pourvu qu'on ait son interprétation et sa bonne étoile. La pratique des **rituels** et du langage symbolique sont à l'évidence les vecteurs d'un travail original, les clés de bien des découvertes de l'homme face à lui.

Mais la mauvaise plaisanterie concernant la lettre G et sa relation avec les créatures de Rabelais définit une dimension de la Maçonnerie plutôt rare. Dans la plupart des groupes humains soucieux de leur image, la capacité d'un mouvement des plus sérieux à se moquer de lui-même s'appelle l'humour. Une pente de l'esprit que ne remontent pas des frères et sœurs confits en maçonnerie – comme on le dit d'un fruit ou d'une pratique religieuse exacerbée –, dont toutes les connaissances et les références sont effectivement confinées aux signes maçonniques, et dont toute l'existence se déréalise pour recréer un monde clos, replié sur lui-même.

Au mot « humanisme », né avec la Renaissance, on peut donner bien des interprétations, mais l'essentiel repose sur l'affirmation que l'homme est mis au cœur de ses préoccupations à la place de Dieu, ce que Luc Ferry appelle « l'humanisation du divin ». Cette approche de l'individu dans la société définit le principe de **laïcité** (le mot vient du grec *laïos* qui signifie peuple), apparu avec les institutions de la IIIe République, qui découle d'une forme d'humanisme gréco-latine. Car, dans l'Antiquité, si tous les actes de la vie étaient sacralisés, la religion était sans dogme. Il n'y avait pas de foi, pas de livres saints auxquels adhérer, le clergé était absent de la scène politique.

En Occident, avec le triomphe du christianisme, puissances temporelle et spirituelle se confondirent dans le jeu des autorités ecclésiastiques et des pouvoirs politiques, tous dominés par la puissance des clercs, seuls capables de définir et d'interpréter les dogmes. Cette confiscation de la connaissance, qui se traduisit au Moyen Âge par l'absence d'écrits en langue vulgaire jusqu'au XIIe siècle, est le cœur du roman d'Umberto Eco *Le Nom de la rose*. Cette confusion du pouvoir spirituel et temporel domina notre société jusqu'au XIXe siècle.

Le citoyen est aujourd'hui défendu par les lois d'une République, issues du peuple et contrôlées par les représentants élus du peuple, qui se situent au-dessus de toute autorité religieuse et sont indépendantes de toute croyance. Le principe de laïcité qui en découle conduit au respect de l'homme dans sa globalité en protégeant sa liberté de conscience et d'expression.

Cette absence d'emprise du religieux dans la société civile est douloureuse pour les États catholiques du sud de l'Europe et incompréhensible pour les États théocratiques comme Israël et la quasi-totalité des États musulmans.

Seul le libéralisme bien tempéré, la tradition démocratique, la tolérance protestante et la multiplicité des Églises ont permis aux pays anglo-saxons d'évoluer civilement sans avoir à s'appuyer sur la notion de laïcité.

Alors que depuis des décennies le thème de laïcité est jugé ringard, il remonte en force sous la poussée conjuguée de l'islam de France, de l'Église catholique aux aguets, et d'une Europe religieuse qui montrent que cette belle invention « sanctifiée » en 1905 est toujours en péril, face au cléricalisme, aux intégrismes, aux obscurantismes et aux ventres mous.

Plus particulièrement, dans une société qui s'ouvre avec difficulté à une religion musulmane qui peine à intégrer les notions de démocratie laïque et d'égalité des sexes, la maçonnerie rappelle que la République française doit ignorer les communautés pour s'intéresser à des individus égaux en droits et devoirs.

Sur le plan social, miroir de la société, la franc-maçonnerie **adogmatique** n'entend pas être absente de la Cité : elle s'inquiète de la dégradation d'un monde où l'homme s'efface devant les puissances d'argent. En France, pleinement en phase avec le monde moderne sans renier ses traditions, la Maçonnerie est attentive à la sauvegarde des valeurs de liberté et de justice qui fondent la République.

Au moment où l'économique se substitue allégrement au politique pour précipiter l'homme dans un matérialisme exacerbé, le mouvement maçonnique français connaît un fort regain d'intérêt dans toutes les composantes de la société. Les Anglo-Américains, quant à eux, n'entendent toujours pas débattre d'espoir, de fraternité et d'égalité dans leurs temples. La maçonnerie adogmatique trouve aujourd'hui un écho nouveau auprès des jeunes, plongés dans un univers tribal en phase avec les systèmes initiatiques, comme ils le sont dans les fraternités irréalisées d'Internet ou les mondes mythisés du *Seigneur des Anneaux* et de *Harry Potter*.

De plus en plus de jeunes voient ainsi dans le mouvement maçonnique un lieu de reconnaissance, tels les premiers chrétiens, promoteurs de cultes à mystères qui leur permirent de doubler celui du dieu persan Mithra, qui avait tout pour réussir sur ce plan-là.

Si les maçons se sont éloignés des affaires publiques, ils demeurent des citoyens attentifs qui tentent, non sans mal, de poursuivre par leurs actions dans la vie profane (organisations humanitaires, syndicats, partis politiques...) les sujets abordés dans les temples : de la bioéthique, du clonage, du chômage, de la mondialisation, du voile islamique [1], des **sectes** et de l'univers carcéral au symbolisme végétal, à Hermès Trismégiste, à la théorie des couleurs dans l'Histoire de la peinture et à ses interprétations maçonniques.

Dans ce contexte, la Maçonnerie, selon une de ses formu-

1. Les principales **obédiences** adogmatiques ont reçu Fadela Amara, présidente de « Ni putes ni soumises », et Chadhort Djawann, auteur de *Bas les voiles* chez Gallimard.

les, « n'aspire pas au repos », et peut ouvrir ses **loges** à qui veut accepter son long cheminement fraternel, sans récompense ni punition. Ils pourront ainsi s'unir dans un même espoir en l'épanouissement matériel et moral de l'humanité dans le respect de son environnement. Un vaste programme, inscrit dans le long terme, dans un esprit qu'il est aisé de qualifier d'utopiste.

# Conclusion

Sur le terrain de la spiritualité, les sectes évoluent avec lourdeur, partagées entre illuminés, escrocs contempteurs des valeurs antidémocratiques et dispensateurs de philosophies de bazar, tricotant du neuf avec du primitif. Les Églises établies, prisonnières de leurs dogmes, avancent lentement ; les psychanalystes font ce qu'ils peuvent, et les tranquillisants qu'ils préconisent procurent matières d'oubli temporaire et substituts de vies illusoires, aux côtés des jeux télévisés. Les politiciens et les syndicalistes peinent à suivre l'accélération d'une société qu'ils regardent de trop haut, incapables de répondre aux solitaires, aux déboussolés, aux chômeurs, en quête de survie matérielle, de racines, d'espoir, d'enthousiasme. Dans ce concert sans instruments ni partitions, la Maçonnerie propose une fraternité, une tolérance qui n'est pas renonciation mais acceptation de la différence, une faculté de s'échapper du prêt-à-penser, sans plonger dans le fantasmatique. Elle avance doucement avec une active sérénité (écoute et questionnement), que découvrent avec étonnement les conférenciers profanes de tous bords devant les auditoires maçonniques.

Trop éprise de la lumière aveuglante des scientistes de la fin du XIX^e^ siècle et trop oublieuse de ses temples pour les allées du pouvoir jusqu'à la Seconde Guerre mondiale, la Maçonnerie croit toujours à la République de l'esprit, sans plus être associée à l'État, et à la justice sociale face à la gouvernance des conseils d'administration. Pour parvenir à ce stade, elle a su rétablir grâce à ses **rituels** et son langage symbolique le mystère et la part d'ombre de l'homme nécessaire à son équilibre. Cependant, elle est toujours objet de curiosité, de perplexité, d'agacement, de dénigrement, de dérision et parfois de haine : perçue comme anticléricale là où elle n'est que laïque, secrète là où elle n'est que discrète, occulte là où elle n'est qu'initiatique. Il lui reste donc à gommer ces idées reçues en conservant le huis clos de ses **tenues**, mais en abandonnant le sentiment de coupable appartenance de ses anciens et en se gardant de toute dérive « laïcarde ».

# ANNEXES

Coordonnées des principales obédiences françaises
Francs-maçons célèbres
Glossaire
Quelques fragments d'écrits maçonniques
Bibliographie

## COORDONNÉES DES PRINCIPALES OBÉDIENCES FRANÇAISES

**Grand Orient de France** (GODF). 16, rue Cadet. 75439 Paris Cedex 09. Tél. 01.45.23.20.92. Site : www.godf.org

**Grande Loge Féminine de France** (GLFF). 60, rue Vitruve. 75020 Paris. Tél. 01.43.71.05.74. Courriel : glff@glff.org Site : www.glff.org

**Grande Loge de France** (GLDF). 8, rue Puteaux. 75017 Paris. Tél. 01.53.42.41.41. Site : www.gldf.org

**Fédération Française du Droit Humain** (DH). 49, boulevard de Port-Royal. 75013 Paris. Tél. 01.44.08.62.62. Site : www.droithumain-France.org

**Grande Loge Mixte Universelle** (GLMU), 27, rue de la Réunion. 75020 Paris. Tél. 01.44.93.36.04. Courriel : G.L.M.U.@wanadoo.fr

**Grande Loge Mixte de France** (GLMF), 8, avenue Parmentier. 75011. Paris. Tél. 01.43.56.13.01 Courriel : glmf@wanadoo.fr

**Grande Loge Traditionnelle et Symbolique Opéra** (GLTSO), 9, place Henri-Barbusse. 92200 Levallois.

**Loge Nationale Française** (LNF), BP 154. 92113 Clichy.

**Grande Loge Féminine de Memphis-Misraïm,** 148, rue du Faubourg-Saint-Denis. 75010 Paris. Courriel : glfmm@free.fr

**Grande Loge Nationale Française** (GLNF). 12, rue Christine-de-Pisan. 75017 Paris. Tél. 01.44.15.86.20. www.glnf.asso.fr

# FRANCS-MAÇONS CÉLÈBRES

*Ne peuvent être reconnus comme francs-maçons que les personnes dont on connaît le nom, le lieu et le numéro de la loge où ils ont été initiés. Les listes suivantes sont loin d'être exhaustives et se heurtent au principe de discrétion maçonnique pour des maçons contemporains non connus publiquement comme tels.*

## La loge des neuf sœurs
(Les neuf muses de la mythologie grecques)

Impossible de parler de maçons célèbres sans évoquer la plus illustre loge de l'histoire de la franc-maçonnerie mondiale. La tradition veut qu'elle soit née à partir du salon de la femme de Claude Adrien Helvétius, fermier général, médecin, bienfaiteur des lettres, penseur rationaliste dont l'ouvrage *De l'esprit*, fut brûlé sur plainte de l'Église.

Agrégée au GODF en 1772, cette loge fut destinée à la culture des sciences, arts, et belles lettres. À son premier président, l'astronome Joseph Jérôme Lefrançois de Lalande, succéda le physicien américain Benjamin Franklin. Sur les cent quarante frères que conta au plus cette loge en 1779, il y eut là un condensé de l'esprit des Lumières. Parmi ceux qui l'illustrèrent :

Honoré Gabriel Riqueti, comte de Mirabeau. L'avocat François de Neufchâteau (défenseur de Calas). Le docteur Ignace Guillotin, inventeur de la guillotine par humanité. Gaspard Monge, physicien et créateur de l'École Polytechnique. Le mathématicien Charles Gilbert Romme. Georges Cabanis, médecin et philosophe. Le naturaliste Bernard Germain Étienne de La Ville de Lacépède. Romain De Sèze, avocat et magistrat, défenseur de Louis XVI. Joseph et Étienne de Montgolfier, ainsi que l'inventeur et pilote des premiers aérostats : François Pilâtre de Rozier. Les fabulistes et moralistes Jean-Pierre Claris, chevalier de Florian et Sébastien Roch Nicolas Chamfort. Les peintres Jean-Baptiste Greuze et Claude Joseph Vernet. Le sculpteur Jean Antoine Houdon (qui sculpta le fameux buste de Voltaire). Les compositeurs Nicolas Marie Daleyrac et Nicolo Piccini. Enfin, François Marie Arouet, dit Voltaire, y fut initié en 1778.

La loge disparut pendant la Révolution. Reconstituée sous le Premier Empire, elle ne retrouva jamais son éclat du XVIII^e^ siècle.

## Frères illustrissimes

**Goethe** (Johann Wolfgang von). 1749-1832. Ce grand génie de la littérature fut initié à la loge Amélie aux Trois Roses à Weimar en 1780. Il écrivit, entre autres, un conte symbolique fort connu des maçons *Le Serpent vert,* et bien entendu le roman d'apprentissage *Les Années de voyage de Wilhelm Meister.*

**Montesquieu** (Charles Louis de Secondat, baron de La Brède et de). 1689-1755. Initié dans la loge Horn Tavern à Westminster avec le père du marquis de Sade, il suivit ensuite les travaux de la loge L'Anglaise à Bordeaux.

**Mozart** (Wolfgang Amadeus). 1756-1791. Ce génial précurseur de la musique romantique fut initié à la loge La Bienfaisance à Vienne en 1784. Maçon convaincu, il fit initier son père Léopod, dédia son *Cinquième quatuor* au frère Haydn, composa des pièces maçonniques, et le livret de son opéra d'inspiration maçonnique, *La Flûte enchantée,* fut partiellement écrit par un apprenti maçon, Emmanuel Schikaneder.

**Mais il y eut aussi des rois et des princes :** en Angleterre, Belgique, France, en pays allemands (comme Frédéric II von Hohenzollern, dit Frédéric le Grand, l'ami de Voltaire).

**Vingt-deux généraux ou maréchaux de Napoléon** qui proposent une promenade dans le métro et les grands boulevards parisiens. L'Empereur voulait une maçonnerie sous contrôle, où ne se réfugieraient pas des républicains. Parmi les initiés : Joseph Bonaparte (qui fut Grand Maître du GODF), Joseph Léopold Sigisbert Hugo (père de Victor)...

**Seize présidents des États-Unis d'Amérique,** de George Washington à Gerald Ford.

Whashington fut lié d'amitié avec Marie Joseph George Motier, marquis de La Fayette, initié à Paris, qui participa à ses frais à la guerre d'indépendance américaine. En France, député de la noblesse aux États généraux de 1789, La Fayette, très populaire, ne se rallia pas à la République et s'exila. De retour en France, il refusa de collaborer à l'Empire et trouva en Louis-Philippe un monarque parlementaire selon ses idées. Il joua un rôle continu en Maçonnerie jusqu'à la fin de sa vie.

**De nombreux communards**, dont Jean-Baptiste Clément (condamné à mort par contumace, l'auteur du *Temps des cerises* s'exila à Londres, et fut gracié en 1880), Jules Vallès, Louise Michel (déportée en Nouvelle-Calédonie) et Eugène Pottier (poète, auteur des paroles de *L'Internationale*), qui seront initiés à leur retour en France.

**Des savants, philosophes, écrivains, musiciens et artistes**

Surcouf... Carlo Lorenzini, dit Collodi, l'auteur de *Pinocchio*. Arthur Conan Doyle. Joseph Rudyard Kipling. Alexander Pouchkine. Pierre Joseph Proudhon. Achille Zavatta et André Isaac dit Pierre Dac. Alexander Fleming. Pierre Mendès-France, avant la guerre. Pandit Motilal Nehru, père du Premier ministre indien chantre du « neutralisme ». Salvador Allende Jean Zay. Pierre Brossolette. Marc Chagall. Georges Dumézil...

Jean Sibelius, organiste de la Grande Loge de Finlande, composa des pièces maçonniques, comme Mozart, ou Edward Kennedy, dit Duke Ellington, qui exécuta pour la première fois *I'm beginning to see the light* (je commence à voir la lumière) avec Louis Armstrong ; les deux frères pouvaient aussi fraterniser avec Benjamin David, dit Bennie Goodman, et William Bill, dit Count Basie.

Frédéric Auguste Bartholdi sculpta la statue de la Liberté à New York et la fontaine des Terreaux à Lyon. Edwin Aldrin fut un des premiers hommes à marcher sur la Lune en 1969. Jean Macé, écrivain, journaliste, fondateur de la Ligue de l'enseignement, créa avec Hetzel et Jules Verne le célèbre Magasin d'éducation et de récréation. Son successeur à la présidence de la Ligue fut un autre maçon et compagnon de route, Léon Bourgeois, membre du parti radical ; président du Conseil en 1894, de nombreuses fois ministre, premier président de L'Œuvre des pupilles de l'enseignement public, promoteur de la Société des Nations, il fut prix Nobel de la paix en 1920.

# GLOSSAIRE

*Les éléments inclus dans ce glossaire se rapportent en partie aux termes en gras non explicités dans le corps du texte, ou les complètent. À partir du XX^e siècle, le mot frère ou maçon renvoie aux francs-maçons des deux sexes. Par ailleurs, certaines des données maçonniques concernent plus particulièrement la franc-maçonnerie* **adogmatique**, *car la maçonnerie anglo-saxonne (GLNF en France) n'utilise pas, par exemple, les mêmes* **acclamations.**

**Abréviations :** c'est l'écriture des trois premières lettres d'un mot. Cette apocope a été adoptée par prudence au XVIII^e siècle pour dissimuler les noms propres après les premières condamnations du mouvement par le Vatican. Les abréviations peuvent varier (redoublement de lettres pour le pluriel...), et sont suivies des fameux trois points, qui font parfois appeler les maçons « frères trois points » : « le F.·. Jack Cha.·. est membre des FF.·. de la respectable loge La Rose du Parfait Silence. »

**Acclamation :** formule prononcée par les participants au début et à la fin d'une **tenue**. Au rite français, l'acclamation est « Liberté, égalité, fraternité ». Elle est accompagnée d'une *batterie,* consistant à frapper dans ses mains suivant un rythme propre au rite. Acclamation et batterie changent suivant les rites et les grades, ainsi que si elles expriment l'allégresse ou le deuil.

**Accolade (fraternelle) :** triple baiser maçonnique, qui peut être suivi d'une triple frappe sur chaque épaule.

**Adogmatisme :** position d'une partie de la Maçonnerie qui considère que toute conception métaphysique relève du domaine exclusif de l'appréciation individuelle de ses membres.

**Adoption :** système paramaçonnique réservé aux femmes jusqu'à l'existence d'obédiences mixtes ou féminines.

**Âge :** désigne l'âge symbolique du maçon, suivant son

grade : trois ans pour l'apprenti ; cinq pour le compagnon ; sept pour le maître.

**Agnosticisme :** expression du doute quant à l'existence d'un dieu, principe inaccessible à la raison.

**Alchimie :** science ésotérique développée au Moyen Âge, qui se fondait sur une symbolique minérale et planétaire issue d'une tradition hermétique. L'alchimie cherchait à établir une correspondance entre le monde matériel et le monde spirituel par la recherche d'une pierre philosophale. Certains de ses adeptes ont préfiguré par leur démarche l'arrivée des sciences.

**A .°. L .°. G .°. D .°. G .°. A .°. D .°. L .°. U .°. :** À la Gloire du Grand Architecte de l'Univers. Invocation propre à certains rites considérant le G.A.D.L.U. comme un Dieu révélé par un livre sacré (Bible ou autre), ou comme un principe fondateur. Dans certains rites, l'invocation du G.A.D.L.U. a été remplacée par l'invocation de l'idéal de perfectionnement de l'homme. Les frères prêtant alors serment sur la constitution de leur obédience.

**Alphabet maçonnique :** utilisé par discrétion au XIXe siècle, cet alphabet fondé sur les positions de traits d'équerre et de points est aujourd'hui tombé en désuétude.

**Anticléricalisme :** opposition au pouvoir du clergé dans la vie publique. Au sens négatif : hostilité à l'Église.

**Archives :** la plupart des archives maçonniques du GODF, du XVIIIe siècle à 1940, sont ouvertes aux chercheurs. Le fonds le plus important antérieur à 1900 est consultable à la Bibliothèque nationale.

**Atelier ou loge :** désigne aussi le local de réunion, structure fondamentale réunissant des maçons pour travailler sous la direction d'un vénérable maître. On emploie la plupart du temps un terme pour l'autre.

**Athéisme :** négation de l'existence de tout principe supérieur à l'homme.

**Attouchements :** c'est un des modes de reconnaissance des francs-maçons, consistant avant tout en poignées de main particulières, propres à un grade.

**Augmentation de salaire :** accession au grade supérieur. Obtenue à la suite de la présentation d'une **planche** (exposé) ou **morceau d'architecture**, suivie d'un vote des frères. Il est courant qu'un maçon ayant apprécié les travaux d'une **tenue** dise qu'il y a « touché son salaire ».

**Bleu :** relatif aux loges regroupant les trois premiers **grades** (ou **degrés**) de la Maçonnerie.

**Cabinet de réflexion :** lieu clos où le postulant médite et rédige son testament philosophique, dans l'attente de la cérémonie d'**initiation**.

**Capitation :** cotisation versée par les frères au trésorier de la loge, une partie est reversée à l'**obédience**.

**Carré long :** forme symbolique de la loge maçonnique, correspondant à un rectangle composé par deux carrés accolés, ou construit d'après le nombre d'or (1,618). Il rappelle la tombe d'Hiram.

**Charte, ou patente :** titre délivré par une obédience pour la création d'une loge. Un nom et un numéro d'ordre sont attribués à chaque nouvelle loge, qui se situe par rapport à son lieu d'implantation (commune).

**Circumambulation** : déplacements rituels en **tenue**.

**Convent :** conforme à la loi de 1901 sur les associations, c'est le congrès annuel d'une **obédience** formé des délégués des loges, qui élit le Grand Maître (Grande Maîtresse) et les instances dirigeantes pour un an.

**Cosmogonie :** théorie mythique, philosophique ou scientifique de la formation de l'Univers.

**Debhir :** c'est le saint des saints du temple de Salomon, où se trouvait l'arche d'alliance. Il correspond à l'orient, au degré de maître.

**Degré :** voir **grade**.

**Déisme :** la plupart des religions demandent à leurs fidèles d'attester de leur foi en adhérant à leurs dogmes ou révélations. Les **déistes** admettent l'existence d'un principe supérieur à l'homme, mais en refusent toute révélation par un texte sacré. Ils affirment que l'homme peut entrer directement en contact avec Dieu sans passer par l'intermédiaire d'une religion.

**Démission :** un franc-maçon peut démissionner de sa loge (pour une autre), de son **obédience** (pour une autre), ou de la Maçonnerie. Il est possible de quitter le mouvement et d'y revenir si l'on n'a pas été radié (défaut de paiement de la **capitation**, condamnations de droit commun...).

**Ésotérisme :** enseignement réservé aux seuls initiés. S'oppose à exotérisme, connaissance accessible à tous. À ne pas confondre avec occultisme : connaissance fondée sur la magie.

**Extériorisation :** c'est la prise de parole en public au nom de son **obédience** ou de la Maçonnerie. Cette attitude est de plus encouragée, surtout par le GODF, afin de rompre avec la réputation de secret du mouvement. Un franc-maçon sollicité de parler en public demande l'autorisation de son obédience.

Si l'extériorisation est comprise dans le sens du dévoilement de sa qualité maçonnique, il est de l'appréciation de chacun de le faire en ce qui le concerne, mais en revanche, on ne peut révéler la qualité de maçon d'un autre s'il n'est pas connu publiquement comme tel. Les francs-maçons ont par ailleurs des signes et des mots pour se reconnaître, sans qu'il soit obligatoire de se dévoiler.

**Fils de la veuve :** on appelle parfois les francs-maçons « enfants » ou « fils » de la veuve, car dans la légende maçonnique, Hiram, bâtisseur du temple de Salomon, était le fils d'une veuve du royaume de Tyr.

**Fraternelles :** groupements interobédientiels et paramaçonniques ni reconnus ni cautionnés par les obédiences. Regroupant des sœurs et frères par professions, localités, activités culturelles... ils ne représentent qu'eux-mêmes et ne peuvent intervenir dans la vie maçonnique. S'ils peuvent avoir une action positive (études, assistances...), ils peuvent faire l'objet de dérives affairistes.

**Grade ou degré :** échelon gravi pendant le cheminement maçonnique. Les trois grades nécessaires à la pleine vie maçonnique sont ceux d'apprenti, de compagnon et de maître.

**Initiation :** cérémonie de réception du profane, qui subit des épreuves symboliques lui permettant de passer des ténèbres à la lumière, mourant à la vie profane et renaissant à la vie sacrée du franc-maçon.

**Jansénisme :** doctrine chrétienne datant du XVII^e^ siècle, fondée sur la prédestination et les rapports du libre arbitre et de la grâce, uniquement accordée par Dieu. Cet austère mouvement fut déclaré hérétique et s'opposa violemment à l'autorité royale en France (voir querelle entre Pascal et les jésuites). Du fait de leur liberté de conscience, les francs-maçons furent soupçonnés d'héberger le mouvement au XVIII^e^ siècle.

**Laïcisme :** rendre laïc, ôter tout caractère religieux, en particulier dans l'enseignement et les institutions. Le terme est souvent employé depuis les querelles autour du voile islamique, et notamment par les autorités religieuses, comme définissant une application dogmatique de la **laïcité**.

**Laïcité :** séparation du spirituel et du temporel, elle permet la dissociation entre citoyenneté et confession. Ce n'est pas un refus de la religion (anticléricalisme), mais l'existence d'un État protecteur neutre qui affirme la liberté de pratiquer un culte ou de n'en pratiquer aucun. Ce n'est pas un courant de pensée parmi d'autres, ce n'est pas un dogme de substitution, mais le refus de fonder l'espace public sur des vérités révélées, afin de fonder un espace de liberté, constitutif du lien politique.

**Landmarks** (mot anglais signifiant borne, point de repère) : en Maçonnerie, règles définies par les *Constitutions d'Anderson*, auxquelles il est impossible de déroger sous peine d'irrégularité (pour les Anglo-Saxons : existence d'un Dieu révélé par un texte sacré, incapacité de la femme à être initiée...).

**Livre d'architecture :** registre tenu par le secrétaire contenant les procès-verbaux des **tenues**.

**Loge :** voir **atelier**.

**Lumière maçonnique :** symbole fondamental de l'initiation, qui donne la lumière au néophyte errant dans les ténèbres. Les francs-maçons sont appelés « fils de la lumière ».

**Maïeutique :** art d'accoucher les autres par la dialectique selon Socrate, fils d'une accoucheuse, traduit par son « connais-toi toi-même ». Ce principe du travail sur soi a été repris par l'**alchimie** dans son V.I.T.R.I.O.L. et par le langage de bâtisseur des francs-maçons qui parlent de « tailler leur pierre brute ».

**Marche :** entrée rituellique (faire ses pas) dans un temple suivant son **grade**. La circulation se fait ensuite dans le sens des aiguilles d'une montre.

**Métaux :** pour son initiation le postulant est invité à « laisser ses métaux à la porte du temple » ; il se dépouille ainsi de ses objets métalliques, symboles de ce qui brille et représente les vanités du monde profane

**Mots :** révélés au cours du passage à un **grade** donné, le mot sacré et le mot de passe sont attachés à ce grade. Les mots de semestre correspondent à un mot de reconnaissance que donnent les membres d'une même **obédience** pour pénétrer dans des locaux maçonniques. Modifiés deux fois par an, ils sont communiqués d'une obédience à une autre si elles ont des accords entre elles.

**Obédience :** fédération regroupant l'ensemble des loges maçonniques se conformant à la même constitution.

**Obole :** à l'origine monnaie française valant un demi-denier. En Maçonnerie, somme versée par tous les présents dans le **tronc de la veuve** à la fin de la **tenue**, ou par un membre de la loge pour s'excuser d'une absence.

**Panthéisme :** croyance dans la présence d'un Dieu dans toutes les manifestations de la nature. Cette doctrine, particulièrement illustrée au XVII^e siècle par Spinoza, resurgie dans la **théosophie**, présente dans l'animisme, n'est pas absente de la pensée de Teilhard de Chardin.

**Parole perdue :** mot secret du maître maçon disparu avec la mort d'Hiram.

**Rite :** c'est la procédure à suivre par la vie maçonnique au cours de ses réunions et cérémonies (**initiations**...). Bien que différent en certains points, le déroulement de ces rites est reconnaissable par un maçon, à quelque obédience qu'il appartienne.

**Rituel :** instruction permettant de pratiquer un rite, équivalent d'un mode d'emploi.

**Rose-Croix :** société secrète d'illuminés datant du XV^e siècle, ayant pour emblème une rose rouge au centre d'une croix, symbole de la connaissance parfaite.

**Sac aux propositions :** boîte ou sac dans lequel un maçon peut déposer des remarques ou suggestions à la fin d'une **tenue**.

**Saint Jean :** patron des maçons français dès l'origine (mais en principe il n'est plus invoqué dans les loges ni **déistes** ni religieuses) ; l'évangéliste est fêté au solstice d'hiver et le baptiste au solstice d'été. Le patron des maçons anglais est saint George.

**Santé :** porter une santé, c'est l'équivalent maçonnique de porter un toast.

**Secret maçonnique** : dès le début de leurs activités, les francs-maçons ont été frappés d'excommunication en pays catholiques. Cette hostilité a entraîné affabulations et calomnies dues à l'ignorance de leurs auteurs, ou à leur aversion pour la liberté de penser, d'où une nécessaire discrétion maçonnique. Quant au secret, il est surtout de nature philosophique, reposant sur la continuité d'une pratique non communicable.

**Secte** : vient du latin *sequor*, suivre, ou *secare*, séparer. Enfermer un groupe dans un mot peut être dangereux, et les sectes le savent, qui développent une dialectique du genre : « *Vous ne respectez ni notre liberté ni nos croyances* ? » Car il est vrai que si l'on commence à fantasmer sur un groupe, ses rites, sa discrétion et son langage, on peut aussi bien faire allusion à l'Église catholique, à la franc-maçonnerie, ou à un club philatéliste. La voie la plus prudente consiste donc à ne pas prononcer de jugement de valeur a priori, à ne pas débattre de croyances, mais à examiner les méthodes et les résultats d'un groupe néfaste, dont on peut caractériser les activités : exercice d'une escroquerie morale, financière et intellectuelle, qui vise a une destruction de la personne, de la famille, de la société.

**Syncrétisme :** combinaison de plusieurs systèmes de pensées, de religions.

**Tableau de loge :** liste des membres de la loge. À ne pas confondre avec le tableau (ou tapis) de loge, représentation des symboles maçonniques d'un **grade** donné qui est installé au début d'une **tenue** (tapis, planche de bois, ou même tracé sur une feuille).

**Tenue :** réunion des membres d'une loge et de leurs visiteurs maçons. Certaines tenues sont dites « tenues blanches fermées » lorsque le conférencier est profane et l'assistance maçonnique, ou « tenues blanches ouvertes », quel que soit le conférencier, si l'assistance est ouverte aux profanes.

**Théisme :** croyance en un dieu (monothéisme) ou plusieurs (polythéisme), révélés par les textes sacrés d'une religion au travers de dogmes, mystères et mythes.

**Théosophie :** mystique ésotérique reposant sur la croyance que l'esprit, tombé du divin dans le naturel, cherche à travers des transformations successives à se dégager de la matière pour réintégrer le sein de Dieu (influences panthéistes et bouddhistes). Le grand prophète de cette pensée fut le Suédois Emmanuel Swedenborg, qui influença Nerval, Balzac et Novalis.

**Tronc de la veuve :** à la fin de chaque **tenue**, le frère hospitalier présente à chaque participant un sac (ou une boîte), appelée « tronc de la veuve », toujours en référence à la mère d'Hiram. L'argent ainsi récolté peut être attribué à un membre de la loge en difficulté financière, ou à une association humanitaire extérieure.

**Tuilage :** vérification de la qualité de maçon par l'exigence d'un mot propre à une **obédience**, à l'entrée d'un temple ou d'une enceinte maçonnique

**Vénérable maître :** dans une **tenue** au premier ou deuxième **degré**, c'est le frère qui dirige les travaux de la loge. Au troisième degré, ce sont tous les maîtres de la loge.

# QUELQUES FRAGMENTS D'ÉCRITS MAÇONNIQUES

**Chamfort** (Sébastien Roch Nicolas dit).
*Maximes et Pensées.*
La nature ne m'a point dit : « Ne sois point pauvre », encore moins : « Sois riche » ; mais elle me crie : « Sois indépendant ».

**Combes** (André).
*Les trois siècles de la franc-maçonnerie française.*
L'état d'esprit de la maçonnerie contemporaine, à base de tolérance et d'humanisme, est une forme de pensée qui convient aux générations montantes qui se défient des intégrismes politiques ou religieux.

**Goethe** (Johann Wolfgang von).
*Faust*
Voici le temps de prouver par des actions que la dignité de l'homme ne le cède point à la grandeur de Dieu.

**Laclos** (Pierre Ambroise François Choderlos de).
*Les Liaisons dangereuses*
L'humanité n'est parfaite dans aucun genre, pas plus dans le mal que dans le bien. Le scélérat a ses vertus, comme l'honnête homme a ses faiblesses.

**Lafforgue**(René-Louis).
*Le Grand Manitou.* Avec l'aimable autorisation de Claudie Lafforgue.
Quand je passerai l'arme à gauche
S'il faut me faire pendre ailleurs
Pour le pire et le meilleur
Je ne raterai pas le coche
Par la route la plus directe
Si Dieu n'est pas un chicanier

J'irai jusqu'au grand architecte
Le jour du jugement dernier (bis).

Si le seigneur en tête à tête
Inquiet de mon hérédité
Veut mon curriculum vitae
Moi, j'écrirai sur ses tablettes :
« Je suis un faiseur de ritournelles
Roturier comme mes aïeux
Je suis sans parti, sans chapelle
Je ne suis qu'un fesse-Mathieu (bis).

Si le chef venait à m'absoudre
Je lui dirais : « Mon vieux Jupin
Chapeau bas ! T'es un vieux copain
Nom de Zeus, tu es un bon bougre
Tu n'as rien d'un croque-mitaine
Voilà pourquoi avec ferveur
De tes qualités magiciennes
Je te demande la faveur (bis).

Pour la négresse ma nourrice
Qui m'a donné son lait tout blanc
Permettez, sorcier tout-puissant
Que je ne sois pas un jocrisse
Je dois le jour à ses mamelles
Et c'est pourquoi je fais le vœu
Par ma négresse maternelle
Faites-moi négro dans les cieux (bis).

Pour le juif errant sur ma route
L'amour n'étant pas de l'hébreu
Quand ma bourse sonna le creux
Il m'épargna la banqueroute
Ma bonne étoile fraternelle
Jéhovah, exaucez ce vœu
Par mon juif et son escarcelle
Faites-moi youpin dans les cieux (bis).

Pour l'Indien qui s'ouvrit les veines
Quand mon corps se vidait de sang
Pour le Chinois qui, souriant,
Sauva ma vie perdant la sienne
Grand Manitou, si ton doigt bouge
Divin Bouddha si tu le veux
Par mon chinetoque, par mon peau rouge
Faites-moi comme eux dans les cieux (bis).

Patron, pour suivre cet oracle
Qui paie ses dettes s'enrichit
Faites de moi un mal blanchi
Si vous n'y voyez pas d'obstacle
Que je sois les uns et les autres
Et rouge, et jaune, et noir et blanc
Je vous dirai des patenôtres
dans un éternel ramadan (bis).

Auteur de *Julie la rousse* et nombre de succès des années 1960, René-Louis Lafforgue est mort dans un accident de voiture en 1967. Il présenta cette chanson comme planche de passage au deuxième degré, dans sa loge parisienne, *L'étoile polaire*, qui fut également fréquentée par l'humoriste Pierre Doris.

**Montesquieu** (Charles Louis Secondat, baron de La Brède et de).
*Mes pensées*
Les histoires sont remplies de guerres de religion, mais qu'on y prenne garde, ce n'est point la multiplicité des religions qui a produit les guerres, c'est l'esprit d'intolérance qui animait celles qui se croyaient dominantes.
*De l'esprit des lois*
C'est une expérience éternelle que tout homme qui a du pouvoir est porté à en abuser.
Je pardonne aisément par la raison que je ne sais pas haïr. Il me semble que la haine est douloureuse.

**Mozart** (Wolfgang Amadeus) et **Schikaneder** (Emmanuel).
*La Flûte enchantée*
Enlaçons nos mains, mes frères, en terminant ce travail dans l'éclat sonore de notre joie. Et comme notre chaîne entoure ce lieu sacré, qu'elle étreigne le globe terrestre tout entier. Apportons, par des chants joyeux, pleine reconnaissance au Créateur, dont la toute-puissance nous réjouit... Que notre premier devoir soit toujours de vénérer la vertu et l'humanité, d'apprendre l'amour de soi et d'autrui. Alors ruissellera la lumière.

**Voltaire** (François Marie Arouet, dit).
*Fragments historiques*
Si Dieu nous a faits à son image, nous le lui avons bien rendu.
*Remarques sur le Contrat social de Jean-Jacques Rousseau*
Ordonner de croire est absurde.

# BIBLIOGRAPHIE

*Encyclopédie de la franc-maçonnerie*, collectif, « La Pochothèque », Livre de Poche, 2000.

*Histoire de la franc-maçonnerie au XIX<sup>e</sup> siècle* (2 tomes), André Combes, Éditions du Rocher, 1998-1999.

*Les Trois Siècles de la maçonnerie française*, André Combes, Edimaf, nouvelle édition, 1999.

*Comment peut-on être franc-maçon ? Revue panoramique*, sous la direction de Charles Conte et Jean-Robert Ragache, Éditions Arléa-Corlet. 1995.

*Maçons d'hier, maçonnerie d'aujourd'hui*, in revue *Humanisme*, n° 261/62/63, printemps-été 2003 (numéro spécial comprenant historique, glossaire, positions actuelles des obédiences).

*Dictionnaire des symboles*, Jean Chevalier et Alain Gheerbrant, « Bouquins », Robert Laffont, 1982.

*La France des compagnons*, François Icher, La Martinière, 1984.

*Le Tronc de la veuve*, Jack Chaboud, Le Passage, 2003.

*Les Sectes*, collectif, « Les Essentiels », Milan, 1993.

*Tous manipulés, tous manipulateurs*, Jean-Marie Abgrall, First Éditions, 2003.

*Fable de Venise*, Hugo Pratt, Casterman, 1981, 1998.

Librio

660

Composition PCA – 44400 Rezé
Achevé d'imprimer en France (Ligugé) par Aubin
en mai 2005 pour le compte de E.J.L.
84, rue de Grenelle, 75007 Paris
Dépôt légal mai 2005
1er dépôt légal dans la collection : septembre 2004

*Diffusion France et étranger : Flammarion*